ब्रह्मास्त्रविद्या गयत्रीतन्त्रम: समस्त वैदिक ज्ञान के अमृत की खोज में ब्रह्मास्त्र के समान शक्ति प्राप्त करने के लिए

आचार्य नीलकंठनाथ शास्त्री

मेरे सभी पाठकों के लिए जो हिंदू धार्मिक परंपरा के छिपे रहस्य को जानना और उसका पालन करना चाहते हैं।

क्रम-सूची

प्रस्तावना	vii
भूमिका	ix
पावती (स्वीकृति)	xi
आमुख	xiii
1. गायत्रीस्तवराजः	1
2. अघनाशकगायत्रीस्तोत्रम्	5
3. श्रीगायत्रीकवचम्	7
4. गायत्रीपञ्चाङ्गम्	12
5. गायत्री रामायण	16
6. गायत्री संहिता	18
7. श्रीगायत्रीसहस्रनामावलिः	22
8. गायत्रीस्तवराजः	30
9. श्रीगायत्रीशापविमोचनम् अथवा गायत्रीशापोद्धारस्तोत्रम्	33
10. गायत्रीहृदयम्	35
11. मुक्तिचिन्तामणि गायत्रीकवचम्	38
12. सावित्रीपञ्जरस्तोत्रम् अथवा गायत्रीपञ्जरस्तोत्रम्	43
13. निर्देश	48
14. गायत्रीस्तुतिः	49
15. गायत्र्युपनिषत्	51
16. श्री गायत्री चालीसा	53

प्रस्तावना

हिंदू सनातन धर्म हजार साल के अध्ययन, प्रयोग और वैज्ञानिक अनुष्ठानों का सार है। विभिन्न कारकों के कारण, इसका अधिकांश भाग समाप्त किया जा रहा है। वर्तमान लेखक प्राचीन वैदिक ऋषियों के महान ज्ञान को पुनर्जीवित करना चाहता है।

भूमिका

हिंदू धर्म एक प्रमुख पूर्वी धर्म है जो दुनिया में तीसरे स्थान पर है। यह दुनिया का सबसे पुराना धर्म है। दूसरे शब्दों में, हिंदू धर्म मुख्य रूप से वेदों पर आधारित विभिन्न सिद्धांतों और परंपराओं का एक समूह है और धर्म की मूल शिक्षाओं और जीवन के मुख्य उद्देश्य

यानी मोक्ष (जन्म के चक्र से मुक्ति) को बदले बिना महान संतों द्वारा समय-समय पर संशोधित किया जाता है। और पुनर्जन्म)। सरल शब्दों में, हिंदू धर्म जीवन का एक तरीका है, जो आपको जन्म और पुनर्जन्म के चक्र से मुक्त करने में मदद करता है।

हिंदू धार्मिक परंपराओं में तंत्र बहुत महत्वपूर्ण भूमिका निभाता है। इस पुस्तक में लेखक ने गायत्री तंत्र के रहस्य के बारे में लिखा है जो वेदों में स्वीकृत सबसे शक्तिशाली तंत्र है।

पावती (स्वीकृति)

सभी प्राचीन और आधुनिक ऋषियों को।

आमुख

हिंदू शब्द उन लोगों को संदर्भित करता है जो भारत में सिंधु नदी के आसपास के क्षेत्र में रहते हैं। सिंधु सिंधु नदी के लिए एक संस्कृत शब्द है। इसलिए, वे जिस जीवन शैली का पालन कर रहे थे, उसे हिंदू धर्म यानी हिंदुओं का धर्म कहा गया।

इस पुस्तक में लेखक ने गायत्री तंत्र के रहस्य के बारे में लिखा है जो वेदों में स्वीकृत सबसे शक्तिशाली तंत्र है।

1

गायत्रीस्तवराजः

श्रीगणेशाय नमः ॥ अस्य श्रीगायत्रीस्तवराजस्तोत्रमन्त्रस्य विश्वामित्रः ऋषिः, सकलजननी चतुष्पदा गायत्री,परमात्मा देवता, सर्वोत्कृष्टपरं धाम प्रथमपादो बीजं, द्वितीयः शक्तिः, तृतीयः कीलकं, दशप्रणवसंयुक्ता सव्याहृतिका तुर्यपादसहिता व्यापकं, मम धर्मार्थकाममोक्षार्थे जपे विनियोगः । अथ न्यासान् कुर्यात् । अथ ध्यानम् । गायत्रीं वेदधात्रीं शतमखफलदां वेदशास्त्रैकवेद्यां चिच्छक्तिं ब्रह्मविद्यां परमशिवपदां श्रीपदं वै करोति । सर्वोत्कृष्टं पदं तत्सवितुरनुपदान्ते वरेण्यं शरण्यं भर्गो देवस्य धीमह्यभिदधति धियो यो नः प्रचोदयादित्यौर्वतेजः ॥ १॥ साम्राज्यबीजं प्रणवत्रिपादं सव्यापसव्यं प्रजपेत्सहस्रकम् । सम्पूर्णकामं प्रणवं विभूतिं तथा भवेद्वाक्यविचित्रवाणी ॥ २॥ शुभं शिवं शोभनमस्तु मह्यं सौभाग्यभोगोत्सवमस्तु नित्यम् । प्रकाशविद्यात्रयशास्त्रसर्वं भजेन्महामन्त्रफलं प्रिये वै ॥ ३॥ ब्रह्मास्त्रं ब्रह्मदण्डं शिरसि शिखिमहद्ब्रह्मशीर्षं नमोन्तं सूक्तं पारायणोक्तं प्रणवमथ महावाक्यसिद्धान्तमूलम् । तुर्यं त्रीणि द्वितीयं प्रथममनुमहावेदवेदान्तसूक्तं नित्यं स्मृत्यानुसारं नियमितचरितं मुलमन्त्रं नमोन्तम् ॥ ४॥ अस्त्रं शस्त्रहतं त्वघोरसहितं दण्डेन वाजीहतं चादित्यादिहतं शिरोन्तसहितं पापक्षयार्थं परम् । तुर्यात्यादिविलोममन्त्रपठनं बीजं शिखान्तोर्ध्वकं नित्यं कालनियम्यविप्रविदुषां किं दुष्कृतं भूसुरान् ॥ ५॥ नित्यं मुक्तिपदं नियम्य पवनं निर्घोषशक्तित्रयं सम्यग्ज्ञानगुरूपदेशविधिवद्देवींशिखान्तामपि । षष्ट्यैकोत्तरसङ्ख्ययानुमतसौषुम्नादिमार्गत्रयीं ध्यायान्नित्यसमस्तवेदजननीं देवीं त्रिसन्ध्यामयीम् ॥ ६॥ गायत्रीं सकलागमार्थविदुषां सौरस्य बीजेश्वरीं सर्वाम्नायसमस्तमन्त्रजननीं सर्वज्ञधामेश्वरीम्म् । ब्रह्मादित्रयस्पुटार्थकरणीं संसारपारायणीं सन्ध्यां सर्वसमानतन्त्रपरया ब्रह्मानुसन्धायिनीम् ॥ ७॥ एकद्वित्रिचतुःसमानगणनावर्णाष्टकं पादयोः पापादौ प्रणवादिमन्त्रपठने मन्त्रत्रयीसम्पुटाम् । सन्ध्यायां द्विपदं पठेत्परतरं सायं तुरीयं युतं नित्यानित्यमनन्तकोटिफलदं प्राप्तं नमस्कुर्महे ॥ ८॥ ओजोऽसीति सहोऽस्यहो बलमसि भ्राजोऽसि तेजस्विनी वर्चस्वी सविताग्निसोमममृतं रूपं परं धीमहि । देवानां द्विजवर्यतां मुनिगणे मुक्त्यर्थिनां शान्तिना- मोमित्येकमृचं पठन्ति यमिनो यं यं स्मरेत्प्राप्नुयात् ॥ ९॥ ओभित्येकमजस्वरूपममलं तत्सप्तधा भाजितं तारं तन्त्रसमन्वितं परतरे पादत्रयं गर्भितम् । आपोज्योतिरसोऽमृतं जनमहः सत्यं तपः स्वर्भुव- र्भूयोभूय नमामि भूर्भुवःस्वरोमेतैर्महामन्त्रकम् ॥ १०॥ आदौ बिन्दुमनुस्मरन् परतरे बाला त्रिवर्णोच्चरन् व्याहृत्यादिसबिन्दुयुक्तत्रिपदातारत्रयं तुर्यकम् । आरोहादवरोहतः क्रमगता श्रीकुण्डलीत्थं स्थिता देवी मानसपङ्कजे त्रिनयना पञ्चानना पातु माम् ॥ ११॥ सर्वे सर्ववशे समस्तसमये सत्यात्मिक्रे सात्विके सावित्रीसवितात्मके शशियुते साङ्ख्यायनीगोत्रजे । सन्ध्यात्रीण्युपकल्प्य सङ्ग्रहविधिः सन्ध्याभिधानात्मके गायत्रीप्रणवादिमन्त्रगुरुणा सम्प्राप्य तस्मै नमः ॥ १२॥ क्षेमं दिव्यमनोरथाः परतरे चेतः समाधीयतां ज्ञानं नित्यवरेण्यमेतदमलं देवस्य भर्गो धियम् । मोक्षश्रीर्विजयार्थिनोऽथ सवितुः श्रेष्ठं

विधिस्तत्पदं प्रज्ञा मेधप्रचोदयात्प्रतिदिनं यो नः पदं पातु माम् ॥ १३॥ सत्यं तत्सवितुर्वरेण्यविरलं विश्वादिमायात्मकं सर्वाद्यं प्रतिपादपादरमया तारं तथा मन्मथम् । तुर्यान्यत्त्रितयं द्वितीयमपरं संयोगसव्याहृतिं सर्वाम्नायमनोमयीं मनसिजां ध्यायामि देवीं पराम् ॥ १४॥ आदौ गायत्रिमन्त्रे गुरुकृतनियमं धर्मकर्मानुकूलं सर्वाद्यं सारभूतं सकलमनुमयं देवतानामगम्यम् । देवानां पूर्वदेवं, द्विजकुलमुनिभिः सिद्धविद्याधराद्यैः को वा वक्तुं समर्थस्तवमनुमहिमाबीजराजादिमूलम् ॥ १५॥ गायत्रीं त्रिपदां त्रिबीजसहितां द्विव्याहृतिं त्रैपदां त्रिब्रह्मात्रिगुणां त्रिकालनियमां तेदत्रयीं तां पराम् । राङ्ख्यादित्रयरूपिणीं त्रिनयनां मातृत्रयीं तत्पराम् त्रैलोक्यत्रिदशविकोटिसहितां सन्ध्यां त्रयीं तां नुमः ॥ १६॥ ओमित्येतत्त्रिमात्रात्रिभुवनकरणं त्रिस्वरं वह्निरूपं त्रीणि त्रीणि त्रिपादं त्रिगुणगुणमयं त्रैपुरान्तं त्रिसूक्तम् । तत्त्वानां पूरवशक्तिं त्रितयगुरुपदं पीठयन्त्रात्मकं तं तस्मादेतत् त्रिपादं त्रिपदमनुसरं त्राहि मां भो नमस्ते ॥ १७॥ स्वस्ति श्रद्धातिमेधा मधुमतिमधुरः संशयः प्रज्ञकान्ति र्विद्या बुद्धिर्बलं श्रीरतनुधनपतिः सौम्यवाक्यानुवृत्तिः । मेधा प्रज्ञा प्रतिष्ठा मृदुमतिमधुरापूर्णविद्याप्रपूर्णं प्राप्तं प्रत्यूषचिन्त्यं प्रणवपरवशात्प्राणिनां नित्यकर्म ॥ १८॥ पञ्चाशद्वर्णमध्ये प्रणवपरयुते मन्त्रमाद्यं नमोन्तं सर्वं सव्यापसव्यं शतगुणमभितो वर्म ह्यष्टोत्तरं ते । एव नित्यं प्रजप्तं त्रिभुवनसहितं सूर्यमन्तं त्रिपादं ज्ञानं विज्ञानगम्यं गगनसुसदृशं ध्यायते यः स मुक्तः ॥ १९॥ आदिक्षान्तसबिन्दुयुक्तसहितं मेरुं क्षकारात्मकं व्यस्ताव्यस्तसमस्तवर्गसहितं पूर्णं शताष्टोत्तरम् । गायत्रीं जपतां त्रिकालसहितां नित्यं सनैमित्तिकमेवं जाप्यफलं शिवेन कथितं सद्भोग्यमोक्षप्रदम् ॥ २०॥ सप्तव्याहृतिसप्ततारविकृतिः सत्यं वरेण्यं धृतिः सर्वं तत्सवितुश्च धीमहि महाभर्गस्य देवं भजे । धाम्नो धाम धमाधिधारणमहान्धीमत्पदं ध्यायते ॐ तत्सर्वमनुप्रपूर्णदशकं पादत्रयं केवलम् ॥ २१॥ विज्ञाने विलसद्विवेकवचसः प्रज्ञानुसन्धारिणीं श्रद्धामेध्ययशःशिरःसुमनसः स्वस्ति श्रियं त्वां सदा । आयुष्यं धनधान्यलक्ष्मिमतुलां देवीं कटाक्षं परं तत्काले सकलार्थसाधनमदान्मुक्तिर्महत्त्वं पदम् ॥ २२॥ पृथ्वीगन्धोऽर्चनायां नभसि कुसुमता वायुधूपप्रकर्षो वह्निर्दीपप्रकाशो जलममृतमयं नित्यसङ्कल्पपूजा । एतत्सर्वं निवेद्यं सुखवति हृदये सर्वदा दम्पतीनां त्वं सर्वज्ञा शिवं मे कुरु तव ममता भक्तवृन्दे प्रसिद्धा ॥ २३॥ सौम्यं सौभाग्यहेतुं सकलसुखकरं सर्वसौख्यं समस्तं सत्यं सद्भोगनित्यं सुखजनसुहृदं राुन्दरं श्रीसमस्तम् । सौमङ्गल्यं समग्रं सकलशुभकर स्वस्तिवाचं समस्तं सर्वाद्यं सद्विवेकं त्रिपदपदयुगं प्राप्तुमध्यासमस्तम् ॥ २४॥ गायत्रीपदपञ्चपञ्चप्रणवद्वन्द्वं विधौ सम्पुटं सृष्ट्यादिक्रमन्त्रजाप्यदशकं देवीपदं क्षुत्त्रयम् । मन्त्रातिस्थितिकेषु सम्पुटमिदं श्रीमातृकावेष्टनं वर्णान्त्यादिविलोममन्त्रजपनं संहारसम्मोहनम् ॥ २५॥ भूराद्यं भूर्भुवःस्वस्त्रिपदपदयुतं त्र्यक्षमाद्यन्तयोज्यं सृष्टिस्थित्यन्तकार्यं क्रमशिखिसकलं सर्वमन्त्रं प्रशस्तम् । सर्वाङ्गं मातृकाणां मनुमयवपुषं मन्त्रयोगप्रयुक्तं संहारं क्षादिवर्णं वसुशतगणनं मन्त्रराजं नमामि ॥ २६॥ विश्वामित्रमुदाहृतं हितकरं सर्वार्थसिद्धिप्रदं स्तोत्राणां परमं प्रभातसमये पारायणं नित्यशः । वेदानां

विधिवादमन्त्रसफलं सिद्धिप्रदं सम्पदां स प्राप्नोत्यपरत्र सर्वसुखदमायुष्यमारोग्यताम् ॥
२७॥ इति श्रीविश्वामित्रप्रणीतो गायत्रीस्तवराजः सम्पूर्णः ॥

2

अघनाशकगायत्रीस्तोत्रम्

नारद उवाच - भक्तानुकम्पिन्सर्वज्ञ हृदयं पापनाशनम् । गायत्र्याः कथितं तस्माद्गायत्र्याः स्तोत्रमीरय ॥ १॥ आदिशक्ते जगन्मातर्भक्तानुग्रहकारिणि । सर्वत्र व्यापिकेऽनन्ते श्रीसन्ध्ये ते नमोऽस्तु ते ॥ २॥ त्वमेव सन्ध्या गायत्री सावित्री च सरस्वती । ब्राह्मी च वैष्णवी रौद्री रक्ता श्वेता सितेतरा । ३॥। प्रातर्बाला च मध्याह्ने यौवनस्था भवेत्पुनः । ब्रह्मा सायं भगवती चिन्त्यते मुनिभिः सदा ॥ ४॥ वृद्धा सायं हंसस्था गरुडारूढा तथा वृषभवाहिनी । ऋग्वेदाध्यायिनी भूमौ दृश्यते या तपस्विभिः ॥ ५॥ यजुर्वेदं पठन्ती च अन्तरिक्षे विराजते । सा सामगापि सर्वेषु भ्राम्यमाणा तथा भुवि ॥ ६॥ रुद्रलोकं गता त्वं हि विष्णुलोकनिवासिनी । त्वमेव ब्रह्मणो लोकेऽमर्त्यानुग्रहकारिणी ॥ ७॥ सप्तर्षिप्रीतिजननी माया बहुवरप्रदा । शिवयोः करनेत्रोत्था ह्यश्रुस्वेदसमुद्भवा ॥ ८॥ आनन्दजननी दुर्गा दशधा परिपठ्यते । वरेण्या वरदा चैव वरिष्ठा वरवर्णिनी ॥ ९॥ गरिष्ठा च वरार्हा च वरारोहा च सप्तमी । नीलगङ्गा तथा सन्ध्या सर्वदा भोगमोक्षदा ॥ १०॥ भागीरथी मर्त्यलोके पाताले भोगवत्यपि । त्रिलोकवाहिनी देवी स्थानत्रयनिवासिनी ॥ ११॥ भूर्लोकस्था त्वमेवासि धरित्री लोकधारिणी । भुवो लोके वायुशक्तिः स्वर्लोके तेजसां निधिः ॥ १२॥ महर्लोके महासिद्धिर्जनलोके जनेत्यपि । तपस्विनी तपोलोके सत्यलोके तु सत्यवाक् ॥ १३॥ कमला विष्णुलोके च गायत्री ब्रह्मलोकगा । ब्रह्मलोकदा रुद्रलोके स्थिता गौरी हरार्धाङ्गनिवासिनी ॥ १४॥ अहमो महतश्चैव प्रकृतिस्त्वं हि गीयसे । साम्यावस्थात्मिका त्वं हि शबलब्रह्मरूपिणी ॥ १५॥ ततः परापरा शक्तिः परमा त्वं हि गीयसे । इच्छाशक्तिः क्रियाशक्तिर्ज्ञानशक्तिस्त्रिशक्तिदा ॥ १६॥ गङ्गा च यमुना चैव विपाशा च सरस्वती । सरयूर्देविका सिन्धुर्नर्मदेरावती तथा ॥ १७॥ गोदावरी शतद्रुश्च कावेरी देवलोकगा । कौशिकी चन्द्रभागा च वितस्ता च सरस्वती ॥ १८॥ गण्डकी तापिनी तोया गोमती वेत्रवत्यपि । इडा च पिङ्गला चैव सुषुम्णा च तृतीयका ॥ १९॥ गान्धारी हस्तिजिह्वा च पूषापूषा तथैव च । अलम्बुषा कुहूश्चैव शङ्खिनी प्राणवाहिनी ॥ २०॥ नाडी च त्वं शरीरस्था गीयसे प्राक्तनैर्बुधैः । हृतपद्मस्था प्राणशक्तिः कण्ठस्था स्वप्ननायिका ॥ २१॥ तालुस्था त्वं सदाधारा बिन्दुस्था बिन्दुमालिनी । मूले तु कुण्डली शक्तिर्व्यापिनी केशमूलगा ॥ २२॥ शिखामध्यासना त्वं हि शिखाग्रे तु मनोन्मनी । किमन्यद् बहुनोक्तेन यत्किञ्चिज्जगतीत्रये ॥ २३॥ तत्सर्वं त्वं महादेवि श्रिये सन्ध्ये नमोऽस्तु ते । इतीदं कीर्तितं स्तोत्रं सन्ध्यायां बहुपुण्यदम् ॥ २४॥ महापापप्रशमनं महासिद्धिविधायकम् । य इदं कीर्तयेत् स्तोत्रं सन्ध्याकाले समाहितः ॥ २५॥ अपुत्रः प्राप्नुयात् पुत्रं धनार्थी धनमाप्नुयात् । सर्वतीर्थतपोदानयज्ञयोगफलं लभेत् ॥ २६॥ भोगान् भुक्त्वा चिरं कालमन्ते मोक्षमवाप्नुयात् । तपस्विभिः कृतं स्तोत्रं स्नानकाले तु यः पठेत् ॥ २७॥ यत्र कुत्र जले मग्नः सन्ध्यामज्जनजं फलम् । लभते नात्र सन्देहः सत्यं च नारद ॥ २८॥ शृणुयाद्योऽपि तद्भक्त्या स तु पापात् प्रमुच्यते । पीयूषसदृशं वाक्यं सन्ध्योक्तं नारदेरितम् ॥ २९॥ ॥ इति श्रीदेवीभागवते महापुराणे द्वादशस्कन्धे पञ्चमोऽध्याये श्रीअघनाशकगायत्रीस्तोत्रं सम्पूर्णम् ॥

3

श्रीगायत्रीकवचम्

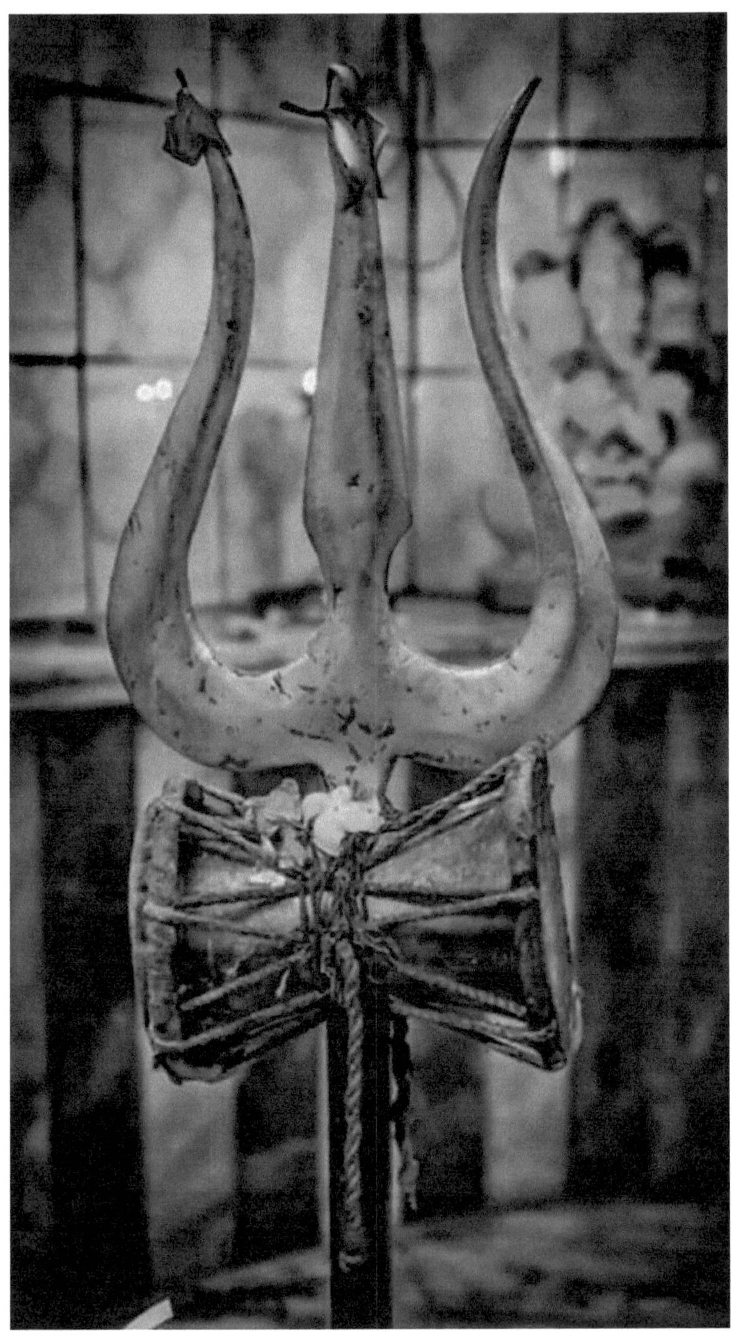

श्रीगणेशाय नमः । याज्ञवल्क्य उवाच । स्वामिन् सर्वजगन्नाथ संशयोऽस्ति महान्मम । चतुःषष्ठिकलानं च पातकानां च तद्वद ॥ १॥ मुच्यते केन पुण्येन ब्रह्मरूपं कथं भवेत् । देहं च देवतारूपं मन्त्ररूपं विशेषतः ॥ २॥ क्रमतः श्रोतुमिच्छामि कवचं विधिपूर्वकम् । ब्रह्मोवाच । गायत्र्याः कवचस्यास्य ब्रह्मा विष्णुः शिवो ऋषिः ॥ ३॥ ऋग्यजुःसामाथर्वाणि छन्दांसि परिकीर्तिताः । परब्रह्मस्वरूपा सा गायत्री देवता स्मृता ॥ ४॥ रक्षाहीनं तु यत्स्थानं कवचेन विना कृतम् । सर्वं सर्वत्र संरक्षेत्सर्वाङ्गं भुवनेश्वरी ॥ ५॥ बीजं भर्गश्च युक्तिश्च धियः कीलकमेव च । पुरुषार्थविनियोगो यो नश्च परिकीर्तितः ॥ ६॥ ऋषिं मूर्ध्नि न्यसेत्पूर्वं मुखे छन्द उदीरितम् । देवतां हृदि विन्यस्य गुह्ये बीजं नियोजयेत् ॥ ७॥ शक्तिं विन्यस्य पदयोर्नाभौ तु कीलकं न्यसेत् । द्वात्रिंशत्तु महाविद्याः साङ्ख्यायनसगोत्रजाः ॥ ८॥ द्वादशलक्षसंयुक्ता विनियोगाः पृथक्पृथक् । एवं न्यासविधिं कृत्वा कराङ्गं विधिपूर्वकम् ॥ ९॥ व्याहृतित्रयमुच्चार्य ह्यनुलोमविलोमतः । चतुरक्षरसंयुक्तं कराङ्गन्यासमाचरेत् ॥ १०॥ आवाहनादिभेदं च दश मुद्राः प्रदर्शयेत् । सा पातु वरदा देवी अङ्गप्रत्यङ्गसङ्गमे ॥ ११॥ ध्यानं मुद्रां नमस्कारं गुरुमन्त्रं तथैव च । संयोगमात्मसिद्धिं च षड्विधं किं विचारयेत् ॥ १२॥ अस्य श्रीगायत्रीकवचस्य ब्रह्मविष्णुरुद्रा ऋषयः, ऋग्यजुःसामाथर्वाणि छन्दांसि, परब्रह्मस्वरूपिणी गायत्री देवता, भूर्बीजं, भुवः शक्तिः, स्वाहा कीलकं, श्रीगायत्रीप्रीत्यर्थे जपे विनियोगः ॥ ॐ भूर्भुवः स्वः तत्सवितुरिति हृदयाय नमः । ॐ भूर्भुवः स्वः वरेण्यमिति शिरसे स्वाहा । ॐ भूर्भुवः स्वः भर्गो देवस्येति शिखायै वषट् । ॐ भूर्भुवः स्वः धीमहीति कवचाय हुम् । ॐ भूर्भुवः स्वः धियो यो नः इति नेत्रत्रयाय वौषट् । ॐ भूर्भुवः स्वः प्रचोदयादिति अस्त्राय फट् ॥ वर्णास्त्रां कुण्डिकाहस्तां शुद्धनिर्मलज्योतिषीम्म् । सर्वतत्त्वमयीं वन्दे गायत्रीं वेदमातरम् ॥ १३॥ अथ ध्यानम् । मुक्ता विद्रुमहेमनीलधवलच्छायैर्मुखैस्त्रीक्षणै- र्युक्तामिन्दुनिबद्धरत्नमुकुटां तत्त्वार्थवर्णात्मिकाम् । गायत्रीं वरदाभयाङ्कुशकशां शूलं कपालं गुणं शङ्खं चक्रमथारविन्दयुगलं हस्तैर्वहन्तीं भजे ॥ १४॥ ॐ गायत्री पूर्वतः पातु सावित्री पातु दक्षिणे । ब्रह्मविद्या च मे पश्चादुत्तरे मां सरस्वती ॥ १५॥ पावकी मे दिशं रक्षेत्पावकोज्ज्वलशालिनी । यातुधानीं दिशं रक्षेद्यातुधानगणार्दिनी ॥ १६॥ पावमानीं दिशं रक्षेत्पवमानविलासिनी । दिशं रौद्रीमवतु मे रुद्राणी रुद्ररूपिणी ॥ १७॥ ऊर्ध्वं ब्रह्माणी मे रक्षेदधस्ताद्वैष्णवी तथा । एवं दश दिशो रक्षेत् सर्वतो भुवनेश्वरी ॥ १८॥ ब्रह्मास्त्रस्मरणादेव वाचां सिद्धिः प्रजायते । ब्रह्मदण्डश्च मे पातु सर्वशस्त्रास्त्रभक्षकः ॥ १९॥ ब्रह्मशीर्षस्तथा पातु शत्रूणां वधकारकः । सप्त व्याहृतयः पान्तु सर्वदा बिन्दुसंयुताः ॥ २०॥ वेदमाता च मां पातु सरहस्या सदैवता । देवीसूक्तं सदा पातु सहस्राक्षरदेवता ॥ २१॥ चतुःषष्टिकला विद्या दिव्याद्या पातु देवता । बीजशक्तिश्च मे पातु पातु विक्रमदेवता ॥ २२॥ तत्पदं पातु मे पादौ जङ्घे मे सवितुःपदम् । वरेण्यं कटिदेशं तु नाभिं भर्गस्तथैव च ॥ ५३॥ देवस्य मे तु हृदयं धीमहीति गलं तथा । धियो मे पातु जिह्वायां यःपदं पातु लोचने ॥ २४॥ ललाटे नः पदं पातु मूर्धानं मे प्रचोदयात् । तद्वर्णः पातु मूर्धानं सकारः पातु भालकम् ॥ २५॥ चक्षुषी मे विकारस्तु

श्रोत्रं रक्षेतु कारकः । नासापुटेर्वकारो मे रेकारस्तु कपोलयोः ॥ २६॥ णिकारस्त्वधरोष्ठे च यकारस्तूर्ध्व ओष्ठके । आत्यमध्ये भकारस्तु गोकारस्तु कपोलयोः ॥ २७॥ देकारः कण्ठदेशे च वकारः स्कन्धदेशयोः । स्यकारो दक्षिणं हस्तं धीकारो वामहस्तकम् ॥ २८॥ मकारो हृदयं रक्षेद्धिकारो जठरं तथा । धिकारो नाभिदेशं तु योकारस्तु कटिद्वयम् ॥ २९॥ गुह्यं रक्षतु योकार ऊरू मे नः पदाक्षरम् । प्रकारो जानुनी रक्षेच्चोकारो जङ्घदेशयोः ॥ ३०॥ दकारो गुल्भदेशं तु यात्कारः पादयुग्मकम् । जातवेदेति गायत्री त्र्यम्बकेति दशाक्षरा ॥ ३१॥ सर्वतः सर्वदा पातु आपोज्योतीति षोडशी । इदं तु कवचं दिव्यं बाधाशतविनाशकम् ॥ ३२॥ चतुःषष्ठिकलाविद्यासकलैश्वर्यसिद्धिदम् । जपारम्भे च हृदयं जपान्ते कवचं पठेत् ॥ ३३॥ स्त्रीगोब्राह्मणमित्रादिद्रोहाद्यखिलपातकैः । मुच्यते सर्वपापेभ्यः परं ब्रह्माधिगच्छति ॥ ३४॥ पुष्पाञ्जलिं च गायत्र्या मूलेनैव पठेत्सकृत् । शतसाहस्रवर्षाणां पूजायाः फलमाप्नुयात् ॥ ३५॥ भूर्जपत्रे लिखित्वैतत् स्वकण्ठे धारयेद्यदि । शिखायां दक्षिणे बाहौ कण्ठे वा धारयेद्बुधः ॥ ३६॥ त्रैलोक्यं क्षोभयेत्सर्वं त्रैलोक्यं दहति क्षणात् । पुत्रवान् धनवान् श्रीमान्नानाविद्यानिधिर्भवेत् ॥ ३७॥ ब्रह्मास्त्रादीनि सर्वाणि तदङ्गस्पर्शनात्ततः । भवन्ति तस्य तुच्छनि किमन्यत्कथयामि ते ॥ ३८॥ अभिमन्त्रितगायत्रीकवचं मानसं पठेत् । तज्जलं पिबतो नित्यं पुरश्चर्याफलं भवेत् ॥ ३९॥ लघुसामान्यकं मन्त्रं, महामन्त्रं तथैव च । यो वेत्ति धारणां युञ्जन्, जीवन्मुक्तः स उच्यते ॥ ४०॥ सप्ताव्याहृतिविप्रेन्द्र सप्तावस्थाः प्रकीर्तिताः । सप्तजीवशता नित्यं व्याहृती अग्निरूपिणी ॥ ४१॥ प्रणवे नित्ययुक्तस्य व्याहृतीषु च सप्तसु । सर्वेषामेव पापानां सङ्करे समुपस्थिते ॥ ४२॥ शतं सहस्रमभ्यर्च्य गायत्री पावनं महत् । दशशतमष्टोत्तरशतं गायत्री पावनं महत् ॥ ४३॥ भक्तियुक्तो भवेद्विप्रः सन्ध्याकर्म समाचरेत् । काले काले प्रकर्तव्यं सिद्धिर्भवति नान्यथा ॥ ४४॥ प्रणवं पूर्वमुद्धृत्य भूर्भुवस्वस्तथैव च । तुर्यं सहैव गयत्रीजप एवमुदाहृतम् ॥ ४५॥ तुरीयपादमुत्सृज्य गायत्रीं च जपेद्द्विजः । स मूढो नरकं याति कालसूत्रमधोगतिः ॥ ४६॥ मन्त्रादौ जननं प्रोक्तं मत्रान्ते मृतसूत्रकम् । उभयोर्दोषनिर्मुक्तं गायत्री सफला भवेत् ॥ ४७॥ मत्रादौ पाशबीजं च मन्त्रान्ते कुशबीजकम् । मन्त्रमध्ये तु या माया गायत्री सफला भवेत् ॥ ४८॥ वाचिकस्त्वहमेव स्यादुपांशु शतमुच्यते । सहस्रं मानसं प्रोक्तं त्रिविधं जपलक्षणम् ॥ ४९॥ अक्षमालां च मुद्रां च गुरोरपि न दर्शयेत् । जपं चाक्षस्वरूभेणानामिकामध्यपर्वणि ॥ ५०॥ अनामा मध्यया हीना कनिष्ठादिक्रमेण तु । तर्जनीमूलपर्यन्तं गायत्रीजपलक्षणम् ॥ ५१॥ पर्वभिस्तु जपेदेवमन्यत्र नियमः स्मृतः । गायत्री वेदमूलत्वाद्वेदः पर्वसु गीयते ॥ ५२॥ दशभिर्जन्मजनितं शतेनैव पुरा कृतम् । त्रियुगं तु सहस्राणि गायत्री हन्ति किल्बिषम् ॥ ५३॥ प्रातःकालेयु कर्तव्यं सिद्धिं विप्रो य इच्छति । नादालये समाधिश्च सन्ध्यायां समुपासते ॥ ५४॥ अङ्गुल्यग्रेण यज्जप्तं यज्जप्तं मेरुलङ्घने । असङ्ख्यया च यज्जप्तं तज्जप्तं निष्फलं भवेत् ॥ ५५॥ विना वस्त्रं प्रकुर्वीत गायत्री निष्फला भवेत् । वस्त्रपुच्छं न जानाति वृथा तस्य परिश्रमः ॥ ५६॥ गायत्रीं तु परित्यज्य अन्यमन्त्रमुपासते । सिद्धान्नं च परित्यज्य भिक्षामटति दुर्मतिः ॥ ५७॥ ऋषिश्छन्दो देवताख्या बीजं शक्तिश्च कीलकम् ।

नियोगं न च जानाति गायत्री निष्फला भवेत् ॥ ५८॥ वर्णमुद्राध्यानपदमावाहनविसर्जनम् । दीपं चक्रं न जानाति गायत्री निषफला भवेत् ॥ ५९॥ शक्तिन्र्यासस्तथा स्थानं मन्त्रसम्बोधनं परम् । त्रिविधं यो न जानाति गायत्री तस्य निष्फला ॥ ६०॥ पञ्चोपचारकांश्चैव होमद्रव्यं तथैव च । पञ्चाङ्गं च विना नित्यं गायत्री निष्फला भवेत् ॥ ६१॥ मन्त्रसिद्धिर्भवेज्जातु विश्वामित्रेण भाषिम् । व्यासो वाचस्पतिर्जीवस्तुता देवी तपःस्मृतौ ॥ ६२॥ सहस्रजप्ता सा देवी ह्युपपातकनाशिनी । लक्षजाप्ये तथा तच्च महापातकनाशिनी । कोटिजाप्येन राजेन्द्र यदिच्छति तदाप्नुयात् ॥ ६३॥ न देयं परशिष्येभ्यो ह्यभक्तेभ्यो विशेषतः । शिष्येभ्यो भक्तियुक्तेभ्यो ह्यन्यथा मृत्युमाप्नुयात् ॥ ६४॥ इति श्रीमद्वसिष्ठसंहितोक्तं गयत्रीकवचं सम्पूर्णम् ॥

4

गायत्रीपञ्चाङ्गम्

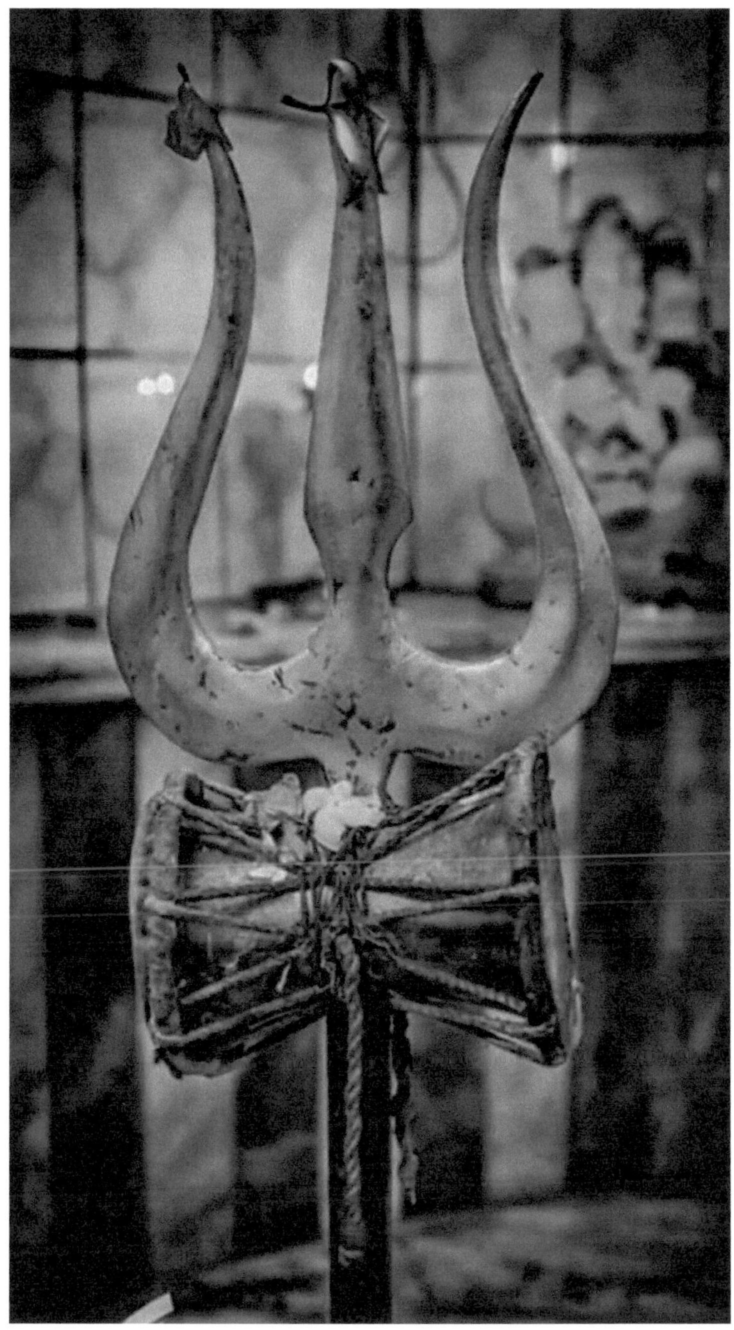

भैरव उवाच - श्रृणु देवि प्रवक्ष्यामि गायत्रीतत्त्वमुत्तमम् । स्तोमं मन्त्रमयं नाम सर्वतन्त्रेषु गोपितम् ॥ १॥ अङ्गपञ्चाङ्गमीशानि महापातकनाशनम् । पुण्यप्रदं वेदसारं सर्वतत्त्वोत्तमोत्तमम् ॥ २॥ परमार्थाभिख्यातस्य स्तोत्रस्यास्ति ऋषिः शिवः । त्रिष्टुप् छन्दो महादेवि त्रिपदी देवता स्मृता ॥ ३॥ तारं बीजं शिरः शक्तिः स्वर्गं कीलकमीश्वरि । धर्मार्थकाममोक्षार्थे विनियोग इति स्मृतः ॥ ४॥ ध्यानम्- चतुर्भुजामर्कसहस्रकोटिभां त्रिलोचनां हारकिरीटशोभिताम् । कपालखट्वाङ्गधरां महोज्ज्वलां (श्रुती) श्वरी पञ्चमुखीं भजाम्यहम् ॥ १॥ विविधमणिमयूरवैः स्फीतकेयूरहारां प्रवरकनककाञ्चीकिङ्किणीकिङ्किणाढ्याम् । सकलभुवनरक्षासृष्टिसंहारकर्त्रीं निगमपरमविद्यामाश्रये वेदधात्रीम् ॥ २॥ प्रणवं मनुराजमौलिरत्नोपरि देवेश्वरि वेदसागरोत्थाम् । प्रजये हृदये दयः समुद्रः सततं ब्रह्मविदीश्वरो भवेद्य एकः ॥ ३॥ शङ्का भवेच्चैव विहाय शङ्का कङ्कालमालाभरणो निशीथे । कृशानुभानुप्रभया समानो विमानचारी स भवेत समानः ॥ ४॥ नृबीजमन्तः शिवशक्तिरूपं विभोर्जपेद्यः त्रिपदीरहस्यम् । स कामुकः कामकलाविदग्धो भवेत्तु रम्भाङ्गविलासभागी ॥ ५॥ त्रिकूटबीजं तव मन्त्रमध्ये जपेद्भवानि स्मरतप्तचेता । स मीनकामांश्च निदाघमेधो भवेद्भुवो भूपबुधो जनेन्द्रः ॥ ६॥ स्मरजपेद्यः परमार्थपथ्यां निर्वाणपथ्यां तव पञ्चवक्त्रे । समस्तलोकाधिपतिः पुरेऽसौ भवेत्परानुग्रहभाजनं सः ॥ ७॥ परां जपेद्यः परमार्थतथ्यां निर्वाणरथ्यां तव पञ्चवक्त्रे । सुलोचनांलोचनवीक्षणोरु प्रभावपीयूषरसाकुलात्मा ॥ ८॥ लक्ष्मीं जपेद्यः परवर्गभीतः श्मशानभूमौ शिववेषधारी । तस्यै (-व) वश्या कमलाकरस्था या विष्णुपत्नी कमलाकरस्था ॥ ९॥ वाणी यदा कण्ठजले जपेद्यो दशायुतं दुर्दशयाभिभूतः । स वैरिवर्ग समरे निहत्य भवेद्भवानीतनयो दिवेन्द्रः ॥ १०॥ भीमां जपेद्यो वरतान्तकाले नितान्तमम्भोजदलासनस्थः । स भीमरूपोऽरिकुलं विहन्या- दन्ते लभेत्कामपदं त्रिपाद्याः ॥ ११॥ मन्त्र जपेद्यः शुचिरर्चनायां चतुर्भुजे हव्यभुजः समक्षम् । स गाणपत्यं प्रतिपद्य देव्या स्तथा भवेद्विश्वनृपाधिनाथः ॥ १२॥ गायत्रीत्यभिधाक्षरत्रयमिदं वेदार्थतत्त्वं परं यो ध्यायेद्धृदयारविन्दकुहरे प्रातर्निशीथेऽथवा । चैनाचारविचारमार्गनिपुणो वेदान्तसारोद्धृतं प्रोद्भूतागमतत्त्ववित्तु त्रिपदीधाम स्वयं यास्यति ॥ १३॥ रमा (सुयोगी) गिरिगह्वरान्ते जपेद्गिरीशाङ्कपतेः समीपे । स योगिगम्यो गुरुगर्वहारी गिरां भवेदिन्द्रसमुच्चिताघ्रिः ॥ १४॥ मायां जपेद्यः स्मरयुक्तचेता जटाकिरीटेन्दुकले तवाग्रे । स वैष्णवेन्दौ सुरनाथमौलिः स्फुरन्मणिज्योतिविराजिताङ्घ्रिः ॥ १५॥ मा बीजमिन्दुस्फुरतोर्ध्वबीजं जपेन्निशीथे शीर्षासनस्थः । यो वीरमातैकपरः स सद्यो भवेद्धरायां नृपसार्वभौमः ॥ १६॥ मायायुगं यः प्रजपेद्रतादौ (नारी-) मुखासक्तमुखो निशीथे । स लोकपालार्चितपादपद्मो भवेद्भवान्ते भुवनाधि नाथः ॥ १७॥ वाणी जपेद्यो जडभावयुक्तो वेदान्ततत्त्वैकपरो भवेच्च । तस्यास्यपद्मे वसतिं विधाय ननर्त्ति वाणी विदुषां सभायाम् ॥ १८॥ यो वायुपूज्यां सुरतावसाने जपेन्निशीथे शशिखण्डचूडे । स वायुपूज्यो बलवान् प्रयाति तद्धाम सत्यं त्रिदिवेन्द्रतुल्यः ॥ १९॥ कान्तार्णमन्तर्जपते स्मरान्ते यो वेदमातर्दिवसावसाने । वश्यो वशी

तस्य पदारविन्दे सुश्रूषमाणो भवता भवन्ति ॥ २०॥ मन्त्रान्तरस्थं ठद्वयं जपेद्यस् तेजोरूपं साधकसाधकेशि । तस्याप्यास्ये भारती तस्य हस्ते लक्ष्मीः कुर्याद्वास आकल्पकालम् ॥ २१॥ भूगेहवृत्तस्रयषोडशार नानास्त्रदिक्कोणयुगानि विन्दौ । निषेदुषीं शीधुरसाकुलाक्षी ज्यक्षीं त्रिवर्णां त्रिपदां भजामि ॥ २२॥ देवि त्रैलोक्यमातर्लगुडवरकरे पुष्पमालावतंसे नानारत्नप्रभाढ्ये त्रिनयनविलसत्सूर्यचन्द्राग्निनेत्रे । पीठे वै पञ्चवक्त्रे वलयमणिविभाभासुरे नूपुराढ्ये श्रीमन्नीलोत्पलाभे त्रिभुवनहृदये वेदमातः प्रसीद ॥ २३॥ इति स्तोत्रं पुण्यं परममनुमयतत्त्वसहितं पठेद्वा गायत्रीं निशि कुजदिने वापि सततम् । पठेद्वाऽसौ दान्तः (सकलगपि) शास्त्रं गमयति लभेल्लक्ष्मीं प्रान्ते परमपदवीमातृकामपि ॥ २४॥ एतद्देवीपञ्चाङ्गं सर्व सारमनुत्तमम् । गायत्र्यास्तत्त्वमीशानि चतुर्वेदरहस्यकम् ॥ २६॥ सर्वसारमयं सिद्धिप्रदं भोगापवर्गदम् । सर्वतन्त्रेषु गुप्तं च महादिव्यं महापदम् ॥ २७॥ न दातव्यमभक्ताय कुचैलाय दुरात्मने । अन्यशिष्याय नो देयं दत्त्वा निरयमाप्नुयात् ॥ २८॥ शिष्याय शुद्धमनसे गुरुभक्ताय पार्वति । दीक्षिताय कुलीनाय देयं साधकसत्तमे ॥ २९॥ इतीदं देवि गायत्र्यास्तत्त्वसाररहस्यकम् । गुह्यं गोप्यं न दातव्यं गोपनीयं प्रयत्नतः ॥ ३०॥ इति श्री रूद्रयामलतन्त्रे गायत्रीरहस्ये परमार्थदेवतात्रिपदीगायत्रीपञ्चाङ्गं सम्पूर्णम् । गायत्री रहस्य पंचांगं

5

गायत्री रामायण

गायत्री रामायण

(गायत्रीमन्त्र अक्षराणां(वर्णानां) श्रीमद् वाल्मीकिरामायणे प्रदर्शिताः) तपस्स्वाध्यायनिरतं तपस्वी वाग्विदां वरम् । नारदं परिपप्रच्छ वाल्मीकिर्मुनिपुङ्गवम् ॥ बालकाण्ड १.०१.००१॥ १॥ स हत्वा राक्षसान्सर्वान् यज्ञघ्नान् रघुनन्दनः । ऋषिभिः पूजितस्तत्र यथेन्द्रो विजयी पुरा ॥ बालकाण्ड १.०३०.०२४॥ २॥ विश्वामित्रः सरामस्तु श्रुत्वा जनकभाषितम् । वत्स राम धनुः पश्य इति राघवमब्रवीत् ॥ बालकाण्ड १.०६७.०१२॥ ३॥ तुष्टावास्य तदा वंशं प्रविश्य च विशाम्पतेः । शयनीयं नरेन्द्रस्य तदासाद्य व्यतिष्ठत ॥ अयोध्याकाण्ड २.०१५.०२०॥ ४॥ वनवासं हि सङ्ख्याय वासांस्याभरणानि च । भर्तारमनुगच्छन्त्यै सीतायै श्वशुरो ददौ ॥ अयोध्याकाण्ड २.०४०.०१४॥ ५॥ राजा सत्यं च धर्मश्च राजा कुलवतां कुलम् । राजा माता पिता चैव राजा हितकरो नृणाम् ॥ अयोध्याकाण्ड २.०६७.०३४॥ ६॥ निरीक्ष्य स मुहूर्तं तु ददर्श भरतो गुरुम् । उटजे राममासीनं जटामण्डलधारिणम् ॥ अयोध्याकाण्ड २.०९९.०२५॥ ७॥ यदि बुद्धिः कृता द्रष्टुमगस्त्यं तं महामुनिम् । अद्यैव गमने बुद्धिं रोचयस्व महामते ॥ अरण्यकाण्ड ३.०११.०४३॥ ८॥ भरतस्यार्यपुत्रस्य श्वश्रूणां मम च प्रभो । मृगरूपमिदं व्यक्तं विस्मयं जनयिष्यति ॥ अरण्यकाण्ड ३.०४३.०१८॥ ९॥ गच्छ शीघ्रमितो राम सुग्रीवं तं महाबलम् । वयस्यं तं कुरु क्षिप्रमितो गत्वाऽद्य राघव ॥ अरण्यकाण्ड ३.०७२.०१७॥ १०॥ देशकालौ भजस्वाद्य क्षममाणः प्रियाप्रिये । सुखदुःखसहः काले सुग्रीववशगो भव ॥ किष्किन्धाकाण्ड ४.०२२.०२०॥ ११॥ वन्दितव्यास्ततः सिद्धास्तपसा वीतकल्मषाः । प्रष्टव्या चापि सीतायाः प्रवृत्तिर्विनयान्वितैः ॥ किष्किन्धाकाण्ड ४.०४३.०३३॥ १२॥ स निर्जित्य पुरीं लङ्कां श्रेष्ठां तां कामरूपिणीम् । विक्रमेण महातेजा हनूमान् कपिसत्तमः ॥ सुन्दरकाण्ड ५.०४.००१॥ १३॥ धन्या देवाः सगन्धर्वाः सिद्धाश्च परमर्षयः । मम पश्यन्ति ये वीरं रामं राजीवलोचनम् ॥ सुन्दरकाण्ड ५.०२६.०४१॥ १४॥ मङ्गलाभिमुखी तस्य सा तदासीन्महाकपेः । उपतस्थे विशालाक्षी प्रयता हव्यवाहनम् ॥ सुन्दरकाण्ड ५.०५३.०२६॥ १५॥ हितं महार्थं मृदु हेतुसंहितं

व्यतीतकालायतिसम्प्रतिक्षमम् । निशम्य तद्वाक्यमुपस्थितज्वरः प्रसङ्गवानुत्तरमेतदब्रवीत् ॥ ६.०१०.०२७॥ १६॥ धर्मात्मा रक्षसश्रेष्ठः सम्प्राप्तोऽयं विभीषणः । लङ्कैश्वर्यमिदं श्रीमान्ध्रुवं प्राप्नोत्यकण्टकम् ॥ युद्धकाण्ड ६.०४१.०६८॥ १७॥ यो वज्रपाताशनिसन्निपातान्न चुक्षुभे नापि चचाल राजा । स रामबाणाभिहतो भृशार्तश्चचाल चापं च मुमोच वीरः ॥ युद्धकाण्ड ६.०५९.१३९॥ १८॥ यस्य विक्रममासाद्य राक्षसा निधनं गताः । तं मन्ये राघवं वीरं नारायणमनामयम् ॥ युद्धकाण्ड ६.०७२.०११॥ १९॥ न ते ददृशिरे रामं दहन्तमपिवाहिनीम् । मोहिताः परमास्त्रेण गान्धर्वेण महात्मना ॥ युद्धकाण्ड ६.०९३.०२६॥ २०॥ प्रणम्य देवताभ्यश्च ब्राह्मणेभ्यश्च मैथिली । बद्धाञ्जलिपुटा चेदमुवाचाग्निसमीपतः ॥ युद्धकाण्ड ६.११६.०२४॥ २१॥ चलनात्पर्वतस्यैव गणा देवाश्च कम्पिताः । चचाल पार्वती चापि तदाश्लिष्टा महेश्वरम् ॥ उत्तरकाण्ड ७.०१६.०२६॥ २२॥ दाराः पुत्राः पुरं राष्ट्रं भोगाच्छादनभोजनम् । सर्वमेवाविभक्तं नौ भविष्यति हरीश्वर ॥ उत्तरकाण्ड ७.०३४.०४१॥ २३॥ यामेव रात्रिं शत्रुघ्नः पर्णशालां समाविशत् । तामेव रात्रिं सीतापि प्रसूता दारकद्वयम् ॥ उत्तरकाण्ड ७.०६६.००१॥ २४॥ इदं रामायणं कृत्स्नं गयत्रीबीजसंयुतम् । त्रिसन्ध्यं यः पठेन्नित्यं सर्वपापैः प्रमुच्यते ॥ इति गायत्रीरामायणं सम्पूर्णम् ।

6

गायत्री संहिता

गायत्री संहिता

आदि शक्तिरिति विष्णोस्तामहं प्रणमामि हि । सर्गः स्थितिर्विनाशश्च जायन्ते जगतोऽनया ॥ १॥ नाभि-पद्म-भुवा विष्णोर्ब्रह्मणा निर्मितं जगत् । स्थावरं जङ्गमं शक्त्या गायत्र्या एव वै ध्रुवम् ॥ २॥ चन्द्रशेखर केशेभ्यो निर्गता हि सुरापगा । भगीरथं ततारैव परिवारसमं यथा ॥ ३॥ जगद्धात्री समुद्भूय या हृन्मानसरोवरे । गायत्री सकुलं पारं तथा नयति साधकम् ॥ ४॥ सास्ति गङ्गैव ज्ञानाख्यसुनीरेण समाकुला । ज्ञान गङ्गा तु तां भक्त्या वारं-वारं नमाम्यहम् ॥ ५॥ ऋषयो वेद-शास्त्राणि सर्वे चैव महर्षयः । श्रद्धया हृदि गायत्रीं धारयन्ति स्तुवन्ति च ॥ ६॥ ह्रीं श्रीं क्लीं चेति रूपैस्तु त्रिभिर्वा लोकपालिनी । भासते सततं लोके गायत्री त्रिगुणात्मिका ॥ ७॥ गायत्र्यैव मता माता वेदानां शास्त्रसम्पदाम् । चत्वारोऽपि समुत्पन्ना वेदास्तस्या असंशयम् ॥ ८॥ परमात्मनस्तु या लोके ब्रह्म शक्तिर्विराजते । सूक्ष्मा च सात्त्विकी चैव गायत्रीत्यभिधीयते ॥ ९॥ प्रभावादेव गायत्र्या भूतानामभिजायते । अन्तःकरणेषु देवानां तत्त्वानां हि समुद्भवः ॥ १०॥ गायत्र्युपासनाकरणादात्मशक्तिर्विवर्धते । प्राप्यते क्रमशोऽजस्य सामीप्यं परमात्मनः ॥ ११॥ शौचं शान्तिर्विवेकश्चैतल्लाभ त्रयमात्मिकम् । पश्चादवाप्यते नूनं सुस्थिरं तदुपासकम् ॥ १२॥ कार्येषु साहसः स्थैर्यं कर्मनिष्ठा तथैव च । एते लाभाश्च वै तस्माज्जायन्ते मानसास्त्रयः ॥ १३॥ पुष्कलं धन-संसिद्धिः सहयोगश्च सर्वतः । स्वास्थ्यं वा त्रय एते स्युस्तस्माल्लाभाश्च लौकिकाः ॥ १४॥ काठिन्यं विविधं घोरं ह्यापदां संहतिस्तथा । शीघ्रं विनाशतां यान्ति विविधा विघ्नराशयः ॥ १५॥ विनाशादुक्त शत्रूणामन्तः शक्तिर्विवर्धते । संकटानामनायासं पारं याति तया नरः ॥ १६॥ गायत्र्युपासकस्वान्ते सत्कामा उद्भवन्ति हि । तत्पूर्तयेऽभिजायन्ते सहजं साधनान्यपि ॥ १७॥ त्रुटयः सर्वथा दोषा विघ्ना यान्ति यदान्तताम् । मानवो निर्भयं याति पूर्णोन्नति पथं तदा ॥ १८॥ बाह्यंचाभ्यन्तरं त्वस्य नित्यं सन्मार्गगामिनः । उन्नतेरुभयं द्वारं यात्युन्मुक्तकपाटताम् ॥ १९॥ अतः स्वस्थेन चित्तेन श्रद्धया निष्ठया तथा । कर्तव्याविरतं

काले गायत्र्याः समुपासना ॥ २०॥ दयालुः शक्ति सम्पन्ना माता बुद्धिमती यथा । कल्याणं कुरुते ह्येव प्रेम्णा बालस्य चात्मनः ॥ २१॥ तथैव माता लोकानां गायत्री भक्तवत्सला । विदधाति हितं नित्यं भक्तानां ध्रुवमात्मनः ॥ २२॥ कुर्वन्नपि त्रुटीर्लोके बालको मातरं प्रति । यथा भवति कश्चिन्न तस्या अप्रीतिभाजनः ॥ २३॥ कुर्वन्नपि त्रुटीर्भक्तः क्वचित् गायत्र्युपासने । न तथा फलमाप्नोति विपरीतं कदाचन ॥ २४॥ अक्षराणां तु गायत्र्या गुम्फनं ह्यस्ति तद्विधम् । भवन्ति जागृता येन सर्वा गुह्यास्तु ग्रन्थयः ॥ २५॥ जागृता ग्रन्थयस्त्वेताः सूक्ष्माः साधकमानसे । दिव्यशक्तिसमुद्भूतिं क्षिप्रं कुर्वन्त्यसंशयम् ॥ २६॥ जनयन्ति कृते पुंसागेता वै दिव्यशक्तयः । विविधान् वै परिणामान् भव्यान् मङ्गलपूरितान् ॥ २७॥ मन्त्रस्योच्चारणं कार्यं शुद्धमेवाप्रमादतः । तदशक्तो जपेन्नित्यं सप्रणवास्तु व्याहृतीः ॥ २८॥ ओमिति प्रणवः पूर्वं भूर्भुवः स्वस्तदुत्तरम् । एषोक्ता लघु गायत्री विद्वद्भिर्वेदपण्डितैः ॥ २९॥ शुद्धं परिधानमाधाय शुद्धे वै वायुमण्डले । शुद्ध देहमनोभ्यां वै कार्या गायत्र्युपासना ॥ ३०॥ दीक्षामादाय गायत्र्या ब्रह्मनिष्ठाग्रजन्मना । आरभ्यतां ततः सम्यग्विधिनोपासना सता ॥ ३१॥ गायत्र्युपासनामुक्त्वा नित्यावश्यककर्मसु । उक्तस्तत्र द्विजातीनां नानध्यायो विचक्षणैः ॥ ३२॥ आराधयन्ति गायत्रीं न नित्यं ये द्विजन्मनः । जायन्ते हि स्वकर्मभ्यस्ते च्युता नात्र संशयः ॥ ३३॥ शूद्रास्तु जन्मना सर्वे पश्चाद्यान्ति द्विजन्मताम् । गायत्र्यैव जनाः साकं ह्युपवीतस्य धारणात् ॥ ३४॥ उच्चता पतितानां च पापिनां पापनाशनम् । जायेते कृपयैवास्याः वेदमातुरनन्तया ॥ ३५॥ गायत्र्या या युता सन्ध्या ब्रह्मसन्ध्या तु सा मता । कीर्तितं सर्वतः श्रेष्ठं तस्यानुष्ठानमागमैः ॥ ३६॥ आचमनं शिखाबन्धः प्राणायामोऽघमर्षणम् । न्यासश्चोपासनायां तु पञ्च कोषा मता बुधैः ॥ ३७॥ ध्यानतस्तु ततः पश्चात् सावधानेन चेतसा । जप्या सततं तुलसी मालया च मुहुर्मुहुः ॥ ३८॥ एक वारं प्रतिदिनं न्यूनतो न्यूनसङ्ख्यकम् । धीमान्मन्त्र शतं नूनं नित्यमष्टोत्तरं जपेत् ॥ ३९॥ ब्राह्मे मुहूर्ते प्राङ्मुखो मेरुदण्डं प्रतन्य हि । पद्मासनं समासीनः सन्ध्यावन्दनमाचरेत् ॥ ४०॥ दैन्यरुक् शोक चिन्तानां विरोधाक्रमणापदाम् । कार्यं गायत्र्यनुष्ठानं भयानं वारणाय च ॥ ४१॥ जायते सा स्थितिरस्मान्मनोऽभिलाषयान्विता । यतः सर्वेऽभिजायन्ते यथा कालं हि पूर्णताम् ॥ ४२॥ अनुष्ठानात्तु वै तस्माद्गुप्ताध्यात्मिक-शक्तयः । चमत्कारमया लोके प्राप्यन्तेऽनेकधा बुधैः ॥ ४३॥ सपादलक्षमन्त्राणां गायत्र्या जपनं तु तै । ध्यानेन विधिना चैव ह्यनुष्ठानं प्रचक्षते ॥ ४४ । पञ्चम्यां पूर्णिमायां वा चैकादश्यां तथैव हि । अनुष्ठानस्य कर्तव्यं आरम्भः फल-प्राप्तये ॥ ४५॥ मासद्वयेऽविरामं तु चत्वारिंषट् दिनेषु वा । पूरयेत्तदनुष्ठानं तुल्यसङ्ख्यासु वै जपन् ॥ ४६॥ तस्याः प्रतिमां सुसंस्थाप्य प्रेम्णा शोभन-आसने । गायत्र्यास्तत्र कर्तव्या सत्प्रतिष्ठा विधानतः ॥ ४७ तद्विधाय ततो दीप-धूप-नैवेद्य-चन्दनैः । नमस्कृत्याक्षतेनापि तस्याः पूजनमाचरेत् ॥ ४८॥ पूजनानन्तरं विज्ञः भक्त्या तज्जपमारभेत् । जपकाले तु मनः कार्यं श्रद्धान्वितमचञ्चलम् ॥ ४९॥ कार्यतो यदि चोत्तिष्ठेन्मध्य एव ततः पुनः । कर-प्रक्षालनं कृत्वा शुद्धैरङ्गैरुपाविशेत् ॥ ५०॥ आद्यशक्तिर्वेदमाता गायत्री तु मदन्तरे ।

शक्तिकल्लोलसन्दोहान् ज्ञानज्योतिश्च सन्ततम् ॥ ५१॥ उत्तरोत्तरमाकीर्य प्रेरयन्ति विराजते । इत्येवाविरतं ध्यायन् ध्यानमग्नस्तु तां जपेत् ॥ ५२॥ चतुर्विंशतिलक्षाणां सततं तदुपासकः । गायत्रीणामनुष्ठानाद्गायत्र्याः सिद्धिमाप्नुते ॥ ५३ साधनायै तु गायत्र्या निश्छलेन हि चेतसा । वरणीयः सदाचार्यः साधकेन सुभाजनः ॥ ५४॥ लघ्वनुष्ठानतो वापि महानुष्ठानतोऽथवा । सिद्धिं विन्दति वै नूनं साधकः सानुपातिकाम् ॥ ५५॥ एक एव तु संसिद्धः गायत्री मन्त्र आदिशत् । समस्त-लोकमन्त्राणां कार्यसिद्धेस्तु पूरकः ॥ ५६॥ अनुष्ठानावसाने तु अग्निहोत्रो विधीयताम् । यथाशक्ति ततो दानं ब्रह्मभोजस्ततः खलु ॥ ५७॥ महामन्त्रस्य चाप्यस्य स्थाने स्थाने पदे पदे । गूढानन्तोपदेशानां रहस्यं तत्र वर्तते ॥ ५८॥ यो दधाति नरश्चैतानुपदेशांस्तु मानसे । जायते ह्युभयं तस्य लोकमानन्दसङ्कुलम् ॥ ५९॥ समग्रामपि सामग्रीमनुष्ठानस्य पूजिताम् । स्थाने पवित्र एवैतां कुत्रचिद्धि विसर्जयेत् ॥ ६०॥ सत्पात्रो यदि वाचार्यो न चेत्संस्थापयेत्तदा । नारिकेलं शुचिं वृत्वाचार्यभावेन चासने ॥ ६१॥ प्रायश्चित्तं मतं श्रेष्ठं त्रुटीनां पापकर्मणाम् । तपश्चर्यैव गायत्र्याः नातोऽन्यद्दृश्यते क्वचित् ॥ ६२॥ सेव्याः स्वात्मसमुद्ध्यर्थं पदार्थाः सात्त्विकाः सदा । राजसाश्च प्रयोक्तव्याः मनोवाञ्छितपूर्तये ॥ ६३॥ प्रादुर्भावस्तु भावानां तामसानां विजायते । तमोगुणानामर्थानां सेवनादिति निश्चयः ॥ ६४॥ मालासन-समिध्यज्ञ-सामग्र्यर्चन-सङ्ग्रहः । गुणत्रयानुसारं हि सर्वे वै ददते फलम् ॥ ६५॥ प्रादुर्भवन्ति वै सूक्ष्माश्चतुर्विंशति शक्तयः । अक्षरेभ्यस्तु गायत्र्या मानवानां हि मानसे ॥ ६६॥ मुहूर्ता योगदोषा वा येऽप्यमङ्गलकारिणः । भस्मतां यान्ति ते सर्वे गायत्र्यास्तीव्रतेजसा ॥ ६७॥ एतस्मात्तु जपान्नूनं ध्यानमग्नेन चेतसा । जायते क्रमशश्चैव षट् चक्राणां तु जागृतिः ॥ ६८॥ षट् चक्राणि यदैतानि जागृतानि भवन्ति हि । षट् सिद्धयोऽभिजायन्ते चक्रैरेतैर्नरस्य वै ॥ ६९॥ अग्निहोत्रं तु गायत्री मन्त्रेण विधिवत् कृतम् । सर्वेष्ववसरेष्वेव शुभमेव मतं बुधैः ॥ ७०॥ यदावस्थासु स्याल्लोके विपन्नासु तदा तु सः । मौनं मानसिकं चैव गायत्री-जपमाचरेत् ॥ ७१॥ तदनुष्ठानकाले तु स्वशक्तिं नियमेज्जनः । निम्नकर्मसु ताः धीमान् न व्ययेद्धि कदाचन ॥ ७२ नैवानावश्यकं कार्यमात्मोद्धारस्थितेन च । आत्मशक्तेस्तु प्राप्तायाः यत्र तत्र प्रदर्शनम् ॥ ७३॥ आहारे व्यवहारे च मस्तिष्केऽपि तथैव हि । सात्त्विकेन सदा भाव्यं साधकेन मनीषिणा ॥ ७४॥ कर्तव्यधर्मतः कर्म विपरीतं तु यद्भवेत् । तत्साधकस्तु प्रज्ञावानाचरेन्न कदाचन ॥ ७५॥ पृष्ठतोऽस्याः साधनाया राजतेऽतितरं सदा । मनस्विसाधकानां हि बहूनां साधनाबलम् ॥ ७६॥ अल्पीयस्या जगत्येवं साधनायास्तु साधकः । भगवत्याश्च गायत्र्याः कृपां प्राप्नोत्यसंशयम् ॥ ७७॥ प्राणायामे जपन् लोकः गायत्रीं ध्रुवमाप्नुते । निग्रहं मनसश्चैव इन्द्रियाणां हि सम्पदाम् ॥ ७८॥ मन्त्रं विभज्य भागेषु चतुर्षु सुबुधस्तदा । रेचकं कुम्भकं बाह्यं पूरकं कुम्भकं चरेत् ॥ ७९॥ यथा पूर्वस्थितञ्चैव न द्रव्यं कार्य-साधकम् । महासाधनतोऽप्यस्मान्नाज्ञो लाभं तथाप्नुते ॥ ८०॥ साधकः कुरुते यस्तु मन्त्रशक्तेरपव्ययः । तं विनाशयति सैव समूलं नात्र संशयः ॥ ८१॥ सततं साधनाभिर्यो याति साधकतां नरः । स्वप्नावस्थासु जायन्ते तस्य दिव्यानुभूतयः ॥ ८२॥ सफलः साधको

लोके प्राप्नुतेऽनुभवान् नवान् । विचित्रान् विविधाँश्चैव साधनासिद्ध्यनन्तरम् ॥ ८३॥ भिन्नाभिर्विधिभिर्बुद्ध्या भिन्नासु कार्यपङ्क्तिषु । गायत्र्याः सिद्धमन्त्रस्य प्रयोगः क्रियते बुधैः ॥ ८४॥ चतुर्विंशतिवर्णैर्या गायत्री गुम्फिता श्रुतौ । रहस्यमुक्तं तत्रापि दिव्यैः रहस्यवादिभिः ॥ ८५॥ रहस्यमुपवीतस्य गुह्याद्गुह्यतरं हि यत् । अन्तर्हितं तु तत्सर्वं गायत्र्यां विश्वमातरि ॥ ८६॥ अयमेव गुरोर्मन्त्रः यः सर्वोपरि राजते । बिन्दौ सिन्धुरिवास्मिंस्तु ज्ञानविज्ञानमाश्रितम् ॥ ८७॥ आभ्यन्तरे तु गायत्र्या अनेके योगसञ्चयाः । अन्तर्हिता विराजन्ते कश्चिदत्र न संशयः ॥ ८८॥ धारयन् हृदि गायत्रीं साधको धौतकिल्बिषः । शक्तीरनुभवत्यस्याः स्वस्मिन्नेव ह्यलौकिकाः ॥ ८९॥ एतादृश्यस्तु वार्ता भासन्तेऽल्पप्रयासतः । यास्तु साधारणो लोको ज्ञातुमर्हति नैव हि ॥ ९०॥ एतादृश्यस्तु जायन्ते तन्मनस्यनुभूतयः । यादृश्यो न हि दृश्यन्ते मानवेषु कदाचन ॥ ९१॥ प्रसादं ब्रह्मज्ञानस्य येऽन्येभ्यो वितरन्त्यपि । आसादयन्ति ते नूनं मानवाः पुण्यमक्षयम् ॥ ९२॥ गायत्री संहिता ह्येषा परमानन्ददायिनी । सर्वेषामेव कष्टानां वारणायास्त्यलं भुवि ॥ ९३॥ श्रद्धया ये पठन्त्येनां चिन्तयन्ति च चेतसा । आचरन्त्यानुकूल्येन भवबाधां तरन्ति ते ॥ ९४॥

7

श्रीगायत्रीसहस्रनामावलिः

श्रीगायत्रीसहस्रनामावलिः

(अकारादिक्षकारान्तादिनामघटितम्) ध्यानम् - रक्तश्वेतहिरण्यनीलधवलैर्युक्ता त्रिनीत्रोज्ज्वलां रक्तां रक्तनवस्रजं मणिगणैर्युक्तां कुमारीमिमाम् । गायत्रीं कमलासनां करतलव्यानद्धकुण्डाम्बुजां पद्माक्षीं च वरस्रजं च दधतीं हंसाधिरूढां भजे ॥ ॐ

अचिन्त्यलक्षणायै नमः । अव्यक्तायै । अर्थमातृमहेश्वर्यै । अमृतार्णवमध्यस्थायै । अजितायै । अपराजितायै । अणिमादिगुणाधरायै । अर्कमण्डलसंस्थितायै । अजरायै । अजायै । अपरायै । अधर्मायै । अक्षसूत्रधरायै । अधरायै । अकारादिक्षकारान्तायै । अरिषद्वर्गभेदिन्यै । अञ्जनाद्रिप्रतिकाशायै । अञ्जनाद्रिनिवासिन्यै । अदित्यै । अजपायै नमः । २० ॐ अविद्यायै नमः । अरविन्दनिभेक्षणायै । अन्तर्बहिस्थितायै । अविद्याध्वंसिन्यै । अन्तरात्मिकायै । अजायै । अजमुखवासायै । अरविन्दनिभाननायै । अर्धमात्रायै[व्यञ्जनवर्णात्मिकायै] । अर्थदानज्ञायै । अरिमण्डलमर्दिन्यै । असुराघ्न्यै । अमावास्यायै । अलाक्षिघ्न्यै । अन्त्यजार्चितायै । आदिलक्ष्म्यै । आदिशक्त्यै । आकृत्यै । आयताननायै । आदित्यपदविचारायै नमः । ४० ॐ आदित्यपरिसेवितायै नमः । आचार्यायै । आवर्तनायै । आचारायै । आदिमूर्तिनिवासिन्यै । आग्नेय्यै । आमर्यै । आद्यायै । आराध्यायै । आसनस्थितायै । आधारनिलयायै । आधारायै । आकाशान्तनिवासिन्यै । आद्याक्षर समयुक्तायै । आन्तराकाशरूपिण्यै । आदित्यमण्डलगतायै । आन्तरध्वान्तनाशिन्यै । इन्दिरायै । इष्टदायै । इष्टायै नमः । ६० ॐ इन्दिवरनिवेक्षणायै नमः । इरावत्यै । इन्द्रपदायै । इन्द्राण्यै । इन्दुरूपिण्यै । इक्षुकोदण्डसंयुक्तायै । इषुसन्धानकारिण्यै । इन्द्रनीलसमाकारायै । इडापिङ्गलरूपिण्यै । इन्द्राक्ष्यै । ईश्वर्यै । ईहात्रयविवर्जितायै । उमायै । उषायै । उडुनिभायै । उर्वारुकफलाननायै । उडुप्रभायै । उडुमत्यै । उडुपायै । उडुमध्यगायै नमः । ८० ॐ ऊर्धायै नमः । ऊर्धकेश्यै । ऊर्धाधोगतिभेदिन्यै । ऊर्ध्ववाहुप्रियायै । ऊर्मिमालावाग्ग्रन्थदायिन्यै । ऋतायै । ऋष्यै । ऋतुमत्यै । ऋषिदेवनामसकृतायै । ऋग्वेदायै । ऋणहर्त्र्यै । ऋषिमण्डलचारिण्यै । ऋद्धिदायै । ऋजुमार्गस्थायै । ऋजुधर्मायै । ऋजुप्रदायै । ऋग्वेदनिलयायै । ऋज्व्यै । लुप्तधर्मप्रवर्तिन्यै । लुतारिवरसम्भूतायै नमः । १०० ॐ लुतादिविषहारिण्यै नमः । एकाक्षरायै । एकमात्रायै । एकायै । एकैकनिष्ठितायै । ऐन्द्र्यै । ऐरावतारूढायै । ऐहिकामुष्मिकप्रदायै । ओङ्कारायै । ओषध्यै । ओतायै । ओतप्रोतनिवासिन्यै । और्भायै । औषधसम्पन्नायै । औपासनफलप्रदायै । अण्डमध्यस्थितायै । अःकारमनुरूपिण्यै[विसर्गरूपिण्यै] । कात्यायन्यै । कालरात्र्यै । कामाक्ष्यै नमः । १२० ॐ कामसुन्दर्यै नमः । कमलायै । कामिन्यै । कान्तायै । कामदायै । कालकण्ठिन्यै । करिकुम्भस्तनभरायै । करवीरसुवासिन्यै । कल्याण्यै । कुण्डलवत्यै । कुरुक्षेत्रनिवासिन्यै । कुरुविन्ददलाकारायै । कुण्डल्यै । कुमुदालयायै । कालजिह्वायै । करालास्यायै । कालिकायै । कालरूपिण्यै । कामनीयगुणायै । कान्त्यै नमः । १४० ॐ कलाधारायै नमः । कुमुद्वत्यै । कौशिक्यै । कमलाकारायै । कामचारप्रभञ्जिन्यै । कौमार्यै । करुणापाङ्ग्यै । ककुवन्तायै । करिप्रियायै । केशर्यै । केशवनुतायै । कदम्बायै । कुसुमप्रियायै । कालिन्द्यै । कालिकायै । काञ्च्यै । कलशोद्भवसंस्तुतायै । काममातायै । क्रतुमत्यै । कामरूपायै नमः । १६० ॐ कृपावत्यै नमः । कुमार्यै । कुण्डनिलयायै । किरात्यै । कीरवाहनायै । कैकेय्यै । कोकिलालापायै । केतकीकुसुमप्रियायै । कमण्डलुधरायै । काल्यै । कर्मनिर्मूलकारिण्यै । कलहंसगत्यै । कक्षायै । कृतकौतुकमङ्गलायै । कस्तूरीतिलकायै ।

कम्रायै । करिन्द्रगमनायै । कुहवै । कर्पूरलेपनायै । कृष्णायै नमः । १८० ॐ कपिलायै नमः । कुहराश्रयायै । कूटस्थायै । कुधरायै । कमरायै । कुक्षिस्थाखिलविष्टपायै । खड्गखेटधरायै । खर्वायै । खेचर्यै । खगवाहनायै । खट्टाङ्गधारिण्यै । ख्यातायै । खगोराजोपरिस्थितायै । खलघ्न्यै । खण्डितजरायै । खडाक्ष्यानप्रदायिन्यै । खण्डेन्दुतिलकायै । गङ्गायै । गणेशगुहपूजितायै । गायत्र्यै नमः । २०० ॐ गोमत्यै नमः । गीतायै । गान्धार्यै । गानलोलुपायै । गौतम्यै । गामिन्यै । गाधायै । गन्धर्वाप्सरसेवितायै । गोविन्दचरणाक्रान्तायै । गुणत्रयविभावितायै । गन्धर्व्यै । गह्वर्यै । गोत्रायै । गिरीशायै । गहनायै । गम्यै । गुहावासायै । गुणवत्यै । गुरुपापप्रणासिन्यै । गुर्व्यै नमः । २२० ॐ गुणवत्यै नमः । गुह्यायै । गोप्तव्यायै । गुणदायिन्यै । गिरिजायै । गुह्यमातङ्ग्यै । गरुडध्वजवल्लभायै । गर्वापहारिण्यै । गोदायै । गोकुलरभायै । गदाधरायै । गोकर्णनिलयासक्तायै । गुह्यमण्डलवर्तिन्यै । घर्मदायै । घनदायै । घण्टायै । घोरदानवमर्दिन्यै । घृणिमन्त्रमय्यै । घेषायै । घनसम्पातदायिन्यै नमः । २४० ॐ घण्टारवप्रियायै नमः । घ्राणायै । घृणिसन्तुष्टिकारिण्यै । घनारिमण्डलायै । घूर्णायै । घृताच्यै । घणवेगिन्यै । ज्ञानधातुमय्यै । चर्चायै । चर्चितायै । चारुहासिन्यै । चटुलायै । चण्डिकायै । चित्रायै । चित्रमाल्यविभूषितायै । चतुर्भुजायै । चारुदन्तायै । चातुर्यै । चरितप्रदायै । चूलिकायै नमः । २६० ॐ चित्रवस्त्रान्तायै नमः । चन्द्रमःकर्णकुण्डलायै । चन्द्रहासायै । चारुदात्र्यै । चकोर्यै । चन्द्रहासिन्यै । चन्द्रिकायै । चन्द्रधात्र्यै । चौर्यै । चोरायै । चण्डिकायै । चञ्चद्वागवादिन्यै । चन्द्रचूडायै । चोरविनाशिन्यै । चारुचन्दनलिप्ताङ्ग्यै । चञ्चच्चामरविजितायै । चारुमध्यायै । चारुगत्यै । चण्डिलायै । चन्द्ररूपिण्यै नमः । २८० ॐ चारुहोमप्रियायै नमः । चार्वायै । चरितायै । चक्रबाहुकायै । चन्द्रमण्डलमध्यस्थायै । चन्द्रमण्डलदर्पणायै । चक्रवाकस्तन्यै । चेष्टायै । चित्रायै । चारुविलासिन्यै । चित्स्वरूपायै । चन्दवत्यै । चन्द्रमायै । चन्दनप्रियायै । चोदयित्र्यै । चिरप्रज्ञायै । चातकायै । चारुहेतुक्यै । छत्रयातायै । छत्रधरायै नमः । ३०० ॐ छायायै नमः । छन्दपरिच्छदायै । छायादेव्यै । छिद्रनखायै । छन्नेन्द्रियविसर्पिण्यै । छन्दोनुष्टुप्प्रतिष्ठान्तायै । छिद्रोपद्रवभेदिन्यै । छेदायै । छत्रेश्वर्यै । छिन्नायै । छुरिकायै । छेलन्प्रियायै । जनन्यै । जन्मरहितायै । जातवेदायै । जगन्मय्यै । जाह्नव्यै । जटिलायै । जेत्र्यै । जरामरणवर्जितायै नमः । ३२० ॐ जम्बुद्वीपवत्यै नमः । ज्वालायै । जयन्त्यै । जलशालिन्यै । जितेन्द्रियायै । जितक्रोधायै । जितामित्रायै । जगत्प्रियायै । जातरूपमय्यै । जिह्वायै । जानक्यै । जगत्यै । जयायै । जनित्र्यै । जह्नुतनयायै । जगत्त्रयहितैषिण्यै । ज्वालमुल्यै । जपवत्यै । ज्वरघ्न्यै । जितविष्टपायै नमः । ३४० ॐ जिताक्रान्तमय्यै नमः । ज्वालायै । जाग्रत्यै । ज्वरदेवतायै । ज्वलन्त्यै । जलदायै । ज्येष्ठायै । ज्याघोषस्फोटदिङ्मुख्यै । जम्भिन्यै । जृम्भनायै । जृम्भायै । ज्वलन्मणिक्यकुण्डलायै । झिञ्झिकायै । झणनिर्घोषायै । झञ्झामारुतवेगिन्यै । झल्लकीवाद्यकुशलायै । ञरूपायै । ञभुजायै । टङ्कभेदिन्यै । टङ्कबाणसमायुक्तायै नमः । ३६० ॐ टङ्किन्यै नमः । टङ्कभेदिन्यै । टङ्कीगणकृताघोषायै । टङ्कनीयमहोरसायै

। टङ्कारकारिण्यै । ठ ठ शब्दनिनादिन्यै । डामर्यै । डाकिन्यै । डिम्भायै । डुण्डुमारैकनिर्जितायै । डामरीतन्त्रमार्गस्थायै । डण्डडमरुनादिन्यै । डिण्डिरवसहायै । डिम्भलसाक्रीडापरायणायै । ढुण्ढिविघ्नेशजनन्यै । ढकाहस्तायै । ढिलिव्रजायै । नित्यज्ञानायै । निरुपणायै । निर्गुणायै नमः । ३८० ॐ नर्मदायै नमः । त्रिगुणायै । त्रिपदायै । तन्त्र्यै । तुलस्यै । (तरुणायै । तरवे । त्रिविक्रमपदाक्रान्तायै । तुरीयपदगामिन्यै ।) तरुणादित्यसङ्कशायै । तामस्यै । तुहिनायै । तुरायै । त्रिकालज्ञानसम्पन्नायै । त्रिवल्यै (त्रिवेण्यै) । त्रिलोचनायै । त्रिशक्त्यै । त्रिपुरायै । तुङ्गायै । तुरङ्गवदनायै । तिमिङ्गिलगिलायै । तीव्रायै । त्रिश्रोतायै । तामसादिन्यै नमः । ४०० ॐ तन्त्रमन्त्रविशेषज्ञायै नमः । तनुमध्यायै । त्रिविष्टपायै । त्रिसन्ध्यायै । त्रिस्तन्यै । तोषासंस्थायै । तालप्रतापिन्यै । ताटङ्किन्यै । तुषाराभायै । तुहिनाचलवासिन्यै । तन्तुजालसमायुक्तायै । तारहारावलिप्रियायै । तिलहोमप्रियायै । तीर्थायै । तमालकुसुमाकृत्यै । तप्तकाञ्चनसंकाशायै । तारकायै । त्रियुतायै । तन्व्यै । त्रिशङ्कुपरिवारितायै नमः । ४२० ॐ तलोदर्यै नमः । तिरोभासायै । ताटङ्कप्रियवाहिन्यै । त्रिजटायै । तित्तिर्यै । तृष्णायै । त्रिविधायै । तरुणाकृत्यै । तप्तकाञ्चनभूषणायै । त्रयम्बकायै । त्रिवर्गायै । त्रिकालज्ञानदायिन्यै । तर्पणायै । तृप्तिदायै । तृप्तायै । तमस्यै । तुम्बरुस्तुतायै । ताक्ष्यर्स्थायै । त्रिगुणाकारायै । त्रिभङ्ग्यै नमः । ४४० ॐ तनुवल्लर्यै नमः । थात्कार्यै । थारवायै । थान्तायै । दोहिन्यै । दीनवत्सलायै । दानवान्तकर्यै । दुर्गायै । दुर्गासुरनिवर्हण्यै । देवरीत्यै । दिवारात्र्यै । द्रौपद्यै । दुन्दुभिस्वनायै । देवयान्यै । दुरावासायै । दारिद्र्यभेदिन्यै । दिवायै । दामोदरप्रियायै । दीप्तायै । दिग्वासायै नमः । ४६० ॐ दिग्विमोहिन्यै नमः । दण्डकारण्यनिलयायै । दण्डिन्यै । देवपूजितायै । देववन्द्यायै । दिविषादायै । द्वेषिण्यै । दानावाकृत्यै । दीननाथस्तुतायै । दीक्षायै । दैवतादिस्वरूपिण्यै । धात्र्यै । धनुर्धरायै । धनुर्धारिण्यै । धर्मचारिण्यै । धुरन्धरायै । धराधारायै । धनदायै । धान्यदोहिन्यै । धर्मशीलायै नमः । ४८० ॐ धनाध्यक्षायै नमः । धनुर्वेदविशारदायै । धृत्यै । धन्यायै । धृतपदायै । धर्मराजप्रियायै । ध्रुवायै । धूमावत्यै । धूमकेश्यै । धर्मशास्त्रप्रकाशिन्यै । नन्दायै । नन्दप्रियायै । निद्रायै । नृनुतायै । नन्दनात्मिकायै । नर्मदायै । नलिन्यै । नीलायै । नीलकण्ठसमाश्रयारुद्राण्यै । नारायणप्रियायै नमः । ५०० ॐ नित्यायै नमः । निर्मलायै । निर्गुणायै । निध्यै । निराधारायै । निरुपमायै । नित्यशुद्धायै । निरञ्जनायै । नादबिन्दुकलातीतायै । नादबिन्दुकलात्मिकायै । नृसिंहिन्यै । नगधरायै । नृपनागविभूषितायै । नरकक्लेशनाशिन्यै । नारायणपदोद्भवायै । निरवद्यायै । निराकारायै । नारदप्रियकारिण्यै । नानाज्योतिस्समाख्यातायै । निधिदायै नमः । ५२० ॐ निर्मलात्मिकायै नमः । नवसूत्रधरायै । नीत्यै । निरुपद्रवकारिण्यै । नन्दजायै । नवरत्नाढ्यायै । नैमिषारण्यवासिन्यै । नवनीतप्रियायै । नार्यै । नीलजीमूतनिस्वनायै । निमेषिण्यै । नदीरूपायै । नीलग्रीवायै । निशिश्वर्यै । नामावल्यै । निशुम्भघ्न्यै । नागलोकनिवासिन्यै । नवजाम्बूनादप्रख्यायै । नागलोकाधिदेवतायै । नूपूराक्रान्तचरणायै

नमः । ५४० ॐ नरचित्तप्रमोदिन्यै नमः । निमग्नारक्तनयनायै । निर्घातसमनिस्वनायै । नन्दनोद्यनिलयायै । पार्वत्यै । परमोदारायै । परब्रह्मात्मिकायै । परायै । पञ्चकोशविनिर्मुक्तायै । पञ्चपातकनाशिन्यै । परचित्तविधानज्ञायै । पञ्चिकायै । पञ्चरूपिण्यै । पूर्णिमायै । परमायै । प्रीत्यै । परतेजःप्रकाशिन्यै । पुराण्यै । पौरुष्यै । पुण्यायै नमः । ५६० ॐ पुण्डरीकनिभक्षनायै नमः । पातालतलनिर्मग्नायै । प्रीतायै । प्रीथिविवर्धिन्यै । पावन्यै । पादसहितायै । पेशलायै । पवनाशिन्यै । प्रजापत्यै । परिश्रान्तायै । पर्वतस्तनमण्डलायै । पद्मप्रियायै । पद्मसंस्थायै । पद्माक्ष्यै । पद्मसम्भवायै । पद्मपत्रायै । पद्मपदायै । पद्मिन्यै । प्रियभाषिण्यै । पशुपाशविनिर्मुक्तायै नमः । ५८० ॐ पुरन्ध्यै नमः । पुरवासिन्यै । पुष्कलायै । पुरुषायै । पर्वायै । पारिजातकुसुमप्रियायै । पतिव्रतायै । पतिव्रतायै । पवित्राङ्ग्यै । पुष्पहासपरायणायै । प्रज्ञावतीसुतायै (प्रजावतीसुतायै) । पौत्र्यै । पुत्रपूज्यायै । पयस्विन्यै । पत्तिपाशधरायै । पङ्क्त्यै । पितृलोकप्रदायिन्यै । पुराण्यै । पुण्यशिलायै । प्रणतार्तिविनाशिन्यै नमः । ६०० ॐ प्रद्युम्नजनन्यै नमः । पुष्टायै । पितामहपरिग्रहायै । पुण्डरीकपुरावासायै । पुण्डरीकसमाननायै । पृथुजङ्घायै । पृथुभुजायै । पृथुपादायै । पृथूदर्यै । प्रवालशोभायै । पिङ्गाक्ष्यै । पीतवासाः । प्रचापलायै । प्रसवायै । पुष्टिदायै । पुण्यायै । प्रतिष्ठायै । प्रणवायै । पत्यै । पञ्चवर्णायै नमः । ६२० ॐ पञ्चवाण्यै नमः । पञ्चिकायै । पञ्जरास्थितायै । परमायायै । परज्योतिः । परप्रीत्यै । परागत्यै । पराकाष्ठायै । परेशन्यै । पावन्यै । पावकद्युत्यै । पुण्यभद्रायै । परिच्छेद्यायै । पुष्पहासायै । पृथूदरायै । पीताङ्ग्यै । पीतवसनायै । पीतशयायै । पिशाचिन्यै । पीतक्रियायै नमः । ६४० ॐ पिशाचघ्न्यै नमः । पाटलाक्ष्यै । पटुक्रियायै । पञ्चभक्षप्रियाचारायै । पुतनाप्राणघातिन्यै । पुन्नागवनमध्यस्थायै । पुण्यतीर्थनिषेवितायै । पञ्चाङ्ग्यै । पराशक्त्यै । परमाह्लादकारिण्यै । पुष्पकाण्डस्थितायै । पूषायै । पोषिताखिलविष्टपायै । पानप्रियायै । पञ्चशिखायै । पन्नगोपरिशायिन्यै । पञ्चमात्रात्मिकायै । पृथ्व्यै । पथिकायै । पृथुदोहिन्यै नमः । ६६० ॐ पुराणन्यायमीमांसायै नमः । पाटल्यै । पुष्पगन्धिन्यै । पुण्यप्रजायै । पारदात्र्यै । परमार्गैकगोचरायै । प्रवालशोभायै । पूर्णाशायै । प्रणवायै । पल्लवोदर्यै । फलिन्यै । फलदायै । फल्ग्वै । फुत्कार्यै । फलकाकृत्यै । फणिन्द्रभोगशयनायै । फणिमण्डलमण्डितायै । बालबालायै । बहुमतायै । बालातपनीभांशुकायै नमः । ६८० ॐ बलभद्रप्रियायै नमः । बडवायै । बुद्धिसंस्तुतायै । बन्दीदेव्यै । बिलवत्यै । बडिशघ्न्यै । बलिप्रियायै । बान्धव्यै । बोधितायै । बुद्धिबन्धुककुसुमप्रियायै । बालभानुप्रभाकरायै । ब्राह्म्यै । ब्राह्मणदेवतायै । बृहस्पतिस्तुतायै । बृन्दायै । बृन्दावनविहारिण्यै । बालाकिन्यै । बिलाहारायै । बिलवसायै । बहुदकायै नमः । ७०० ॐ बहुनेत्रायै नमः । बहुपदायै । बहुकर्णावतंसिकायै । बहुबाहुयुतायै । बीजरूपिण्यै । बहुरूपिण्यै । बिन्दुनादकलातीतायै । बिन्दुनादस्वरूपिण्यै । बद्धगोधाङ्गुलिप्राणायै । बदर्याश्रमवासिन्यै । बृन्दारकायै । बृहत्स्कन्धायै । बृहत्यै । बाणपातिन्यै । बृन्दाध्यक्षायै । बहुनुतायै । बहुविक्रमायै ।

बद्धपद्मासनासीनायै । बिल्वपत्रतलस्थितायै । बोधिद्रुमनिजावासायै नमः । ७२० ॐ बडिष्ठायै नमः । बिन्दुदर्पणायै । बालायै । बाणासनवत्यै । बडवानलवेगिन्यै । ब्रह्माण्डबहिरन्तस्थायै । ब्रह्मकङ्कणसूत्रिण्यै । भवान्यै । भीष्णवत्यै । भाविन्यै । भयहारिण्यै । भद्रकाल्यै । भुजङ्गाक्ष्यै । भारत्यै । भारताशयायै । भैरव्यै । भीषणाकारायै । भूतिदायै । भूतिमालिन्यै । भामिन्यै नमः । ७४० ॐ भोगनिरतायै नमः । भद्रदायै । भूरिविक्रमायै । भूतवासायै । भृगुलतायै । भार्गव्यै । भूसुरार्चितायै । भागीरथ्यै । भोगवत्यै । भवनस्थायै । भिषग्वरायै । भामिन्यै । भोगिन्यै । भाषायै । भवान्यै । भूरुदक्षिणायै । भर्गात्मिकायै । भीमावत्यै । भवबन्धविमोचिन्यै । भजनीयायै नमः । ७६० ॐ भूतधात्रीरञ्जितायै नमः । भुवनेश्वर्यै । भुजङ्गवलयायै । भीमायै । भेरुण्डायै । भागधेयिन्यै । मातायै । मायायै । मधुमत्यै । मधुजिह्वायै । मनुप्रियायै । महादेव्यै । महाभाग्यायै । मालिन्यै । मीनलोचनायै । मायातीतायै । मधुमत्यै । मधुमांसायै । मधुद्रवायै । मानव्यै नमः । ७८० ॐ मधुसम्भूतायै नमः । मिथिलापुरवासिन्यै । मधुकैटभसंहर्त्र्यै । मेदिन्यै । मेघमालिन्यै । मन्दोदर्यै । महामायायै । मैथिल्यै । मसृणप्रियायै । महालक्ष्म्यै । महाकाल्यै । महाकन्यायै । महेश्वर्यै । माहेन्द्र्यै । मेरुतनयायै । मन्दारकुसुमार्चितायै । मञ्जुमञ्जीरचरणायै । मोक्षदायै । मञ्जुभाषिण्यै । मधुरद्राविण्यै नमः । ८०० ॐ मुद्रायै नमः । मलयायै । मलयान्वितायै । मेधायै । मरकतश्यामायै । मगध्यै । मेनकात्मजायै । महामार्यै । महावीरायै । महाश्यामायै । मनुस्तुतायै । मातृकायै । मिहिराभासायै । मुकुन्दपदविक्रमायै । मूलाधारस्थितायै । मुग्धायै । मणिपुरनिवासिन्यै । मृगाक्ष्यै । महिषारूढायै । महिषासुरमर्दिन्यै नमः । ८२० ॐ योगासनायै नमः । योगगम्यायै । योगायै । यौवनकाश्रयायै । यौवन्यै । युद्धमध्यस्थायै । यमुनायै । युगधारिण्यै । यक्षिण्यै । योगयुक्तायै । यक्षराजप्रसूतिन्यै । यात्रायै । यानविधानज्ञायै । यदुवंशसमुद्भवायै । यकारादिहकारान्तायै । याजुष्यै । यज्ञरूपिण्यै । यामिन्यै । योगनिरतायै । यातुधानभयङ्कर्यै नमः । ८४० ॐ रुक्मिण्यै नमः । रमण्यै । रामायै । रेवत्यै । रेणुकायै । रत्यै । रौद्र्यै । रौद्रप्रियाकारायै । राममातायै । रतिप्रियायै । रोहिण्यै । राज्यदायै । रेवायै । रसायै । राजीवलोचनायै । राकेश्यै । रूपसम्पन्नायै । रत्नसिंहासनस्थितायै । रक्तमाल्याम्बरधरायै । रक्तगन्धानुलेपनायै नमः । ८६० ॐ राजहंससमारूढायै नमः । रंभायै । रक्तवलिप्रियायै । रमणीययुगाधारायै । राजिताखिलभूतलायै । रुद्राण्यै । रुरुचर्मपरिधानायै । रथिन्यै । रत्नमालिकायै । रोगेश्यै । रोगशमन्यै । राविन्यै । रोमहर्षिण्यै । रामचन्द्रपदाक्रान्तायै । रावणच्छेदकारिण्यै । रत्नवस्त्रपरिच्छिन्नायै । रथस्थायै । रुक्मभूषणायै । लज्जाधिदेवतायै । लोलायै नमः । ८८० ॐ ललितायै नमः । लिङ्गधारिण्यै । लक्ष्म्यै । लोलायै । लुप्तविषायै । लोकिन्यै । लोकविश्रुतायै । लज्जायै । लम्बोदर्यै । ललनायै । लोकधारिण्यै । वरदायै । वन्दितायै । वन्द्यायै । वनितायै । विद्यायै । वैष्णव्यै । विमलाकृत्यै । वाराह्यै । विरजायै नमः । ९०० ॐ वर्षायै नमः । वरलक्ष्म्यै । विक्रमायै । विलासिन्यै । विनतायै । व्योममध्यस्थायै । वारिजासनसंस्थितायै । वारुण्यै

। वेणुसम्भूतायै । वितिहोत्रायै । विरूपिण्यै । वायुमण्डलमध्यस्थायै । विष्णुरूपायै । विधिक्रियायै । विष्णुपत्न्यै । विष्णुमत्यै । विशालाक्ष्यै । वसुन्धरायै । वामदेवप्रियायै । वेलायै नमः । ९२० ॐ वज्रिण्यै नमः । वसुदोहिन्यै । वेदाक्षरपरिताङ्ग्यै । वाजपेयफलप्रदायै । वासव्यै । वामजनन्यै । वैकुण्ठनिलयायै । वरायै । व्यासप्रियायै । वर्मधरायै । वाल्मीकिपरिसेवितायै । शाकम्भर्यै । शिवायै । शान्तायै । शारदायै । शरणागत्यै । शतोदर्यै । शुभाचारायै । शुम्भासुरनर्दिन्यै । शोभावत्यै नमः । ९४० ॐ शिवाकारायै नमः । शङ्करार्धशरीरिण्यै । शोणायै । शुभाशयायै । शुभ्रायै । शिरःसन्धानकारिण्यै । शरावत्यै । शरानन्दायै । शरज्ज्योत्स्नायै । शुभाननायै । शरभायै । शूलिन्यै । शुद्धायै । शर्वाण्यै । शर्वरीवन्द्यायै । शबर्यै । शुकवाहनायै । श्रीमत्यै । श्रीधरानन्दायै । श्रवणानन्ददायिन्यै नमः । ९६० ॐ षड्भाशायै नमः । षड्तुप्रियायै । षडाधारस्थितादेव्यै । षण्मुखप्रियकारिण्यै । षडङ्गरूपसुमत्यै । षुरासुरनमस्कृतायै । सरस्वत्यै । सदाधारायै । सर्वमङ्गलकारिण्यै । सामगानप्रियायै । सूक्ष्मायै । सावित्र्यै । सामसम्भवायै । सर्ववासायै । सदानन्दायै । सुस्तन्यै । सागराम्बरायै । सर्वैश्यर्यप्रियायै । सिद्ध्यै । साधुबन्धुपराक्रमायै नमः । ९८० ॐ सप्तर्षिमण्डलगतायै नमः । सोममण्डलवासिन्यै । सर्वज्ञायै । सान्द्रकरुणायै । समानाधिकवर्जितायै । सर्वोत्तुङ्गायै । सङ्गहीनायै । सद्गुणायै । सकलेष्टदायै । सरघायै । सूर्यतनयायै । सुकेश्यै । सोमसंहत्यै । हिरण्यवर्णायै । हरिण्यै । ह्रीङ्कार्यै । हंसवाहिन्यै । क्षौमवस्त्रपरिताङ्ग्यै । क्षीराब्धितनयायै । क्षमायै नमः । १००० ॐ गायत्र्यै नमः । सावित्र्यै । पार्वत्यै । सरस्वत्यै । वेदगर्भायै । वरारोहायै । श्रीगायत्र्यै । परांविकायै नमः । १००८ ॥ इति श्रीदेवीभागवते महापुराणे द्वादशस्कन्धे श्रीगायत्रीसहस्रनामावलीः समाप्ता ॥

8

गायत्रीस्तवराजः

गायत्रीस्तवराजः

श्रीगणेशाय नमः ॥ अस्य श्रीगायत्रीस्तवराजस्तोत्रमन्त्रस्य विश्वामित्रः ऋषिः, सकलजननी चतुष्पदा गायत्री,परमात्मा देवता, सर्वोत्कृष्टपरं धाम प्रथमपादो बीजं, द्वितीयः शक्तिः, तृतीयः कीलकं, दशप्रणवसंयुक्ता सव्याहृतिका तुर्यपादसहिता व्यापकं, मम धर्मार्थकाममोक्षार्थे जपे विनियोगः । अथ न्यासान् कुर्यात् । अथ ध्यानम् । गायत्रीं वेदधात्रीं शतमखफलदां वेदशास्त्रैकवेद्यां चिच्छक्तिं ब्रह्मविद्यां परमशिवपदां श्रीपदं वै करोति । सर्वोत्कृष्टं पदं तत्सवितुरनुपदान्ते वरेण्यं शरण्यं भर्गो देवस्य धीमह्यभिदधति धियो यो नः प्रचोदयादित्यौर्वतेजः ॥ १॥ साम्राज्यबीजं प्रणवत्रिपादं सव्यापसव्यं प्रजपेत्सहस्रकम् । सम्पूर्णकामं प्रणवं विभूतिं तथा भवेद्वाक्यविचित्रवाणी ॥ २॥ शुभं शिवं शोभनमस्तु मह्यं सौभाग्यभोगोत्सवमस्तु नित्यम् । प्रकाशविद्यात्रयशास्त्रसर्वं भजेन्महामन्त्रफलं प्रिये वै ॥ ३॥ ब्रह्मास्त्रं ब्रह्मदण्डं शिरसि शिखिमहद्ब्रह्मशीर्षं नमोन्तं सूक्तं पारायणोक्तं प्रणवमथ महावाक्यसिद्धान्तमूलम् । तुर्यं त्रीणि द्वितीयं प्रथममनुमहावेदवेदान्तसूक्तं नित्यं स्मृत्यानुसारं नियमितचरितं मुलमन्त्रं नमोन्तम् ॥ ४॥ अस्त्रं शस्त्रहतं त्वघोरसहितं दण्डेन वाजीहतं चादित्यादिहतं शिरोन्तसहितं पापक्षयार्थं परम् । तुर्यात्यादिविलोममन्त्रपठनं बीजं शिखान्तोर्ध्वकं नित्यं कालनियम्यविप्रविदुषां किं दुष्कृतं भूसुरान् ॥ ५॥ नित्यं मुक्तिपदं नियम्य पवनं निर्घोषशक्तित्रयं सम्यग्ज्ञानगुरूपदेशविधिवद्देवींशिखान्तामपि । षष्ट्यैकोत्तरसङ्ख्ययानुमतसौषुम्नादिमार्गत्रयीं ध्यायान्नित्यसमस्तवेदजननीं देवीं त्रिसन्ध्यामयीम् ॥ ६॥ गायत्रीं सकलागमार्थविदुषां सौरस्य बीजेश्वरीं सर्वाम्नायसमस्तमन्त्रजननीं सर्वज्ञधामेश्वरीम्म् । ब्रह्मादित्रयस्पुटार्थकरणीं संसारपारायणीं सन्ध्यां सर्वसमानतन्त्रपरया ब्रह्मानुसन्धायिनीम् ॥ ७॥ एकद्वित्रिचतुःसमानगणनावर्णाष्टकं पादयोः पापादौ प्रणवादिमन्त्रपठने मन्त्रत्रयीसम्पुटाम् । सन्ध्यायां द्विपदं पठेत्परतरं सायं तुरीयं युतं

नित्यानित्यमनन्तकोटिफलदं प्राप्तं नमस्कुर्महे ॥ ८॥ ओजोऽसीति सहोऽस्यहो बलमसि भ्राजोऽसि तेजस्विनी वर्चस्वी सविताग्निसोमममृतं रूपं परं धीमहि । देवानां द्विजवर्यतां मुनिगणे मुक्त्यर्थिनां शान्तिना- मोमित्येकमृचं पठन्ति यमिनो यं यं स्मरेत्प्राप्नुयात् ॥ ९॥ ओमित्येकमजस्वरूपममलं तत्सप्तधा भाजितं तारं तन्त्रसमन्वितं परतरे पादत्रयं गर्भितम् । आपोज्योतिरसोऽमृतं जनमहः सत्यं तपः स्वर्भुव- र्भूयोभूय नमामि भूर्भुवःस्वरोमेतैर्महामन्त्रकम् ॥ १०॥ आदौ बिन्दुमनुस्मरन् परतरे बाला त्रिवर्णोच्चरन् व्याहृत्यादिसबिन्दुयुक्तत्रिपदातारत्रयं तुर्यकम् । आरोहादवरोहतः क्रमगता श्रीकुण्डलीत्थं स्थिता देवी मानरापङ्कजे त्रिनयना पञ्चानना पातु माम् ॥ ११॥ सर्वे सर्ववशे समस्तसमये सत्यात्मिके सात्विके सावित्रीसवितात्मके शशियुते साङ्ख्यायनीगोत्रजे । सन्ध्यात्रीण्युपकल्प्य सङ्ग्रहविधिः सन्ध्याभिधानात्मके गायत्रीप्रणवादिमन्त्रगुरुणा सम्प्राप्य तस्मै नमः ॥ १२॥ क्षेमं दिव्यमनोरथाः परतरे चेतः समाधीयतां ज्ञानं नित्यवरेण्यमेतदमलं देवस्य भर्गो धियम् । मोक्षश्रीर्विजयार्थिनोऽथ सवितुः श्रेष्ठं विधिस्तत्पदं प्रज्ञा मेधप्रचोदयात्प्रतिदिनं यो नः पदं पातु माम् ॥ १३॥ सत्यं तत्सवितुर्वरेण्यविरलं विश्वादिमायात्मकं सर्वाद्यं प्रतिपादपादरमया तारं तथा मन्मथम् । तुर्यान्यत्त्रितयं द्वितीयमपरं संयोगसव्याहृतिं सर्वाम्नायमनोमयीं मनसिजां ध्यायामि देवीं पराम् ॥ १४॥ आदौ गायत्रिमन्त्रे गुरुकृतनियमं धर्मकर्मानुकूलं सर्वाद्यं सारभूतं सकलमनुमयं देवतानामगम्यम् । देवानां पूर्वदेवं, द्विजकुलमुनिभिः सिद्धविद्याधराद्यैः को वा वक्तुं समर्थस्तवमनुमहिमाबीजराजादिमूलम् ॥ १५॥ गायत्रीं त्रिपदां त्रिबीजसहितां द्विव्याहृतिं त्रैपदां त्रिब्रह्मात्रिगुणां त्रिकालनियमां वेदत्रयीं तां पराम् । साङ्ख्यादित्रयरूपिणीं त्रिनयनां मातृत्रयीं तत्पराम् त्रैलोक्यत्रिदशविकोटिसहितां सन्ध्यां त्रयीं तां नुमः ॥ १६॥ ओमित्येतत्त्रिमात्रात्रिभुवनकरणं त्रिस्वरं वह्निरूपं त्रीणि त्रीणि त्रिपादं त्रिगुणगुणमयं त्रैपुरान्तं त्रिसूक्तम् । तत्त्वानां पूरवशक्तिं त्रितयगुरुपदं पीठयन्त्रात्मकं तं तस्मादेतत् त्रिपादं त्रिपदमनुसरं त्राहि मां भो नमस्ते ॥ १७॥ स्वस्ति श्रद्धातिमेधा मधुमतिमधुरः संशयः प्रज्ञकान्ति विद्या बुद्धिर्बलं श्रीरतनुधनपतिः सौम्यवाक्यानुवृत्तिः । मेधा प्रज्ञा प्रतिष्ठा मृदुमतिमधुरापूर्णविद्याप्रपूर्णं प्राप्तं प्रत्यूषचिन्त्यं प्रणवपरवशात्प्राणिनां नित्यकर्म ॥ १८॥ पञ्चाशद्वर्णमध्ये प्रणवपरयुते मन्त्रमाद्यं नमोन्तं सर्वं सव्यापसव्यं शतगुणमभितो वर्म ह्यष्टोत्तरं ते । एव नित्यं प्रजप्तं त्रिभुवनसहितं सूर्यमन्तं त्रिपादं ज्ञानं विज्ञानगम्यं गगनसुसदृशं ध्यायते यः स मुक्तः ॥ १९॥ आदिक्षान्तसबिन्दुयुक्तसहितं मेरुं क्षकारात्मकं व्यस्ताव्यस्तसमस्तवर्गसहितं पूर्णं शताष्टोत्तरम् । गायत्रीं जपतां त्रिकालसहितां नित्यं सनैमित्तिकमेवं जाप्यफलं शिवेन कथितं सद्भोग्यमोक्षप्रदम् ॥ २०॥ सप्तव्याहृतिसप्ततारविकृतिः सत्यं वरेण्यं धृतिः सर्वं तत्सवितुश्च धीमहि महाभर्गस्य देवं भजे । धाम्नो धाम धमाधिधारणमहान्धीमत्पदं ध्यायते ॐ तत्सर्वमनुप्रपूर्णदशकं पादत्रयं केवलम् ॥ २१॥ विज्ञाने विलसद्विवेकवचसः प्रज्ञानुसन्धारिणीं श्रद्धामेध्ययशःशिरःसुमनसः स्वस्ति श्रियं त्वां सदा । आयुष्यं धनधान्यलक्ष्मिमतुलां देवीं

कटाक्षं परं तत्काले सकलार्थसाधनमदान्मुक्तिर्महत्त्वं पदम् ॥ २२॥ पृथ्वीगन्धोऽर्चनायां नभसि कुसुमता वायुधूपप्रकर्षो वह्निर्दीपप्रकाशो जलममृतमयं नित्यसङ्कल्पपूजा । एतत्सर्वं निवेद्यं सुखवति हृदये सर्वदा दम्पतीनां त्वं सर्वज्ञा शिवं मे कुरु तव ममता भक्तवृन्दे प्रसिद्धा ॥ २३॥ सौम्यं सौभाग्यहेतुं सकलसुखकरं सर्वसौख्यं समस्तं सत्यं सद्भोगनित्यं सुखजनसुहृदं सुन्दरं श्रीसमस्तम् । सौमङ्गल्यं समग्रं सकलशुभकरं स्वस्तिवाचं समस्तं सर्वाद्यं सद्विवेकं त्रिपदपदयुगं प्राप्तुमध्यासमस्तम् ॥ २४॥ गायत्रीपदपञ्चपञ्चप्रणवद्वन्द्वं विधौ सम्पुटं सृष्ट्यादिक्रमन्त्रजाप्यदशकं देवीपदं क्षुत्त्रयम् । मन्त्रातिस्थितिकेषु सम्पुटमिदं श्रीमातृकावेष्टनं वर्णान्त्यादिविलोममन्त्रजपनं संहारसम्मोहनम् ॥ २५॥ भूराद्यं भूर्भुवःस्वस्त्रिपदपदयुतं त्र्यक्षमाद्यन्तयोज्यं सृष्टिस्थित्यन्तकार्यं क्रमशिखिसकलं सर्वमन्त्रं प्रशस्तम् । सर्वाङ्गं मातृकाणां मनुमयवपुषं मन्त्रयोगप्रयुक्तं संहारं क्षादिवर्णं वसुशतगणनं मन्त्रराजं नमामि ॥ २६॥ विश्वामित्रमुदाहृतं हितकरं सर्वार्थसिद्धिप्रदं स्तोत्राणां परमं प्रभातसमये पारायणं नित्यशः । वेदानां विधिवादमन्त्रसफलं सिद्धिप्रदं सम्पदां स प्राप्नोत्यपरत्र सर्वसुखदमायुष्यमारोग्यताम् ॥ २७॥ इति श्रीविश्वामित्रप्रणीतो गायत्रीस्तवराजः सम्पूर्णः ॥

९

श्रीगायत्रीशापविमोचनम् अथवा गायत्रींशापोद्धारस्तोत्रम्

श्रीगायत्रीशापविमोचनम् अथवा गायत्रींशापोद्धारस्तोत्रम्

शापमुक्ता हि गायत्री चतुर्वर्गफलप्रदा । अशापमुक्ता गायत्री चतुर्वर्गफलान्तका ॥ ॐ अस्य श्रीब्रह्मशापविमोचनमन्त्रस्य निग्रहानुग्रहकर्ता प्रजापतिरृषिः अथवा ब्रह्मा ऋषिः । कामदुघा गायत्री छन्दः । भुक्तिमुक्तिप्रदा ब्रह्मशापविमोचनी गायत्रीशक्तिर्देवता । ब्रह्मशापविमोचनार्थे जपे विनियोगः ॥ ॐ गायत्रीं ब्रह्मेत्युपासीत यद्रूपं ब्रह्मविदो विदुः । तां पश्यन्ति धीराः सुमनसो वाचमग्रतः । ॐ वेदान्तनाथाय विद्महे हिरण्यगर्भाय धीमही तन्नो ब्रह्म प्रचोदयात् । ॐ देवि गायत्री त्वं ब्रह्म शापात् विमुक्ता भव ॥ ॐ अस्य श्रीवसिष्ठशापविमोचनमन्त्रस्य निग्रहानुग्रहकर्ता वसिष्ठऋषिः । विश्वोद्भवा गायत्री छन्दः । वसिष्ठानुग्रहिता गायत्रीशक्ति देवताः । वसिष्ठ शाप विमोचनार्थं जपे विनियोगः ॥ तत्वानि चाङ्गेष्वग्निचितो धियांसः ध्यायति विष्णोरायुधानि बिभ्रत् । जनानता सा परमा च शश्वत् । गायत्रीमासाच्छुरनुत्तम च धाम ॐ गायत्रीवसिष्ठशापादिवमुक्ता भव । ॐ सोऽहमर्कमयं ज्योतिरात्मज्योतिरहं शिवः । आत्मज्योतिरहं शुक्रः सर्वज्योतिरसोऽस्म्यहं ॥ (इति युक्त्व योनि मुद्रां प्रदर्श्य गायत्री त्रयं पदित्व) (योनि मुद्रा दिखाकर ३-तीन बार गायत्री मन्त्र का जाप करे ।) ॐ देवी गायत्री त्वं वसिष्ठ शापात् विमुक्ता भव ॥ ॐ अस्य श्रीविश्वामित्रशापविमोचनमन्त्रस्य नूतनसृष्टिकर्ता विश्वामित्रऋषिः । वाग्दोहा गायत्री छन्दः । विश्वामित्रानुगृहिता गायत्री शक्तिः सविता देवता । विश्वामित्रशापविमोचनार्थे जपे विनियोगः ॥ तत्वानि चाङ्गेष्वग्निचितो धियांसस्त्रिगर्भां यदुद्भवां देवाश्चोचिरे विश्वसृष्टिम् । तां कल्याणीमिष्टकरीं प्रपद्ये यन्मुखान्निःसृतो वेदगर्भः ॥ ॐ गायत्रि त्वं विश्वामित्रशापाद्विमुक्ता भव ॥ ॐ गायत्रीं भजाम्यग्निमुखीं

विश्वगर्भा यदुद्भवाः । देवाश्चक्रिरे विश्वसृष्टिं तां कल्याणीमिष्टकरीं प्रपद्ये ॥ ॐ देवी गायत्री त्वं विश्वामित्र शापात् विमुक्ता भव ॥ ॐ अस्य श्रीशुक्रशापविमोचनमन्त्रस्य श्रीशुक्र ऋषिः । अनुष्टुप्छन्दः । देवि गायत्री देवताः । शुक्र शाप विमोचनार्थं जपे विनियोगः ॥ सोऽहमर्कमयं ज्योतिरर्कज्योतिरहं शिवः । आत्मज्योतिरहं शुक्रः सर्वज्योतिरसोऽस्म्यहं ॥ ॐ देवी गायत्री त्वं शुक्र शापात् विमुक्ता भव ॥ प्रार्थना । ॐ अहो देवि महादेवि सन्ध्ये विद्ये सरस्वती । अजरे अमरे चैव ब्रह्मयोनिर्निमोऽस्तुते ॥ ॐ देवी गायत्री त्वं ब्रह्मशापात् विमुक्ता भव । वसिष्ठशापात् विमुक्ता भव । विश्वामित्रशापात् विमुक्ता भव । शुक्रशापात् विमुक्ता भव ॥

10

गायत्रीहृदयम्

गायत्रीहृदयम्

ॐ नमस्कृत्य भगवान् याज्ञवल्क्यः स्वयम्भुवं परिपृच्छति । त्वं नो ब्रूहि ब्रह्मन् गायत्र्युत्पत्तिं-तुरीयां श्रोतुमिच्छामि । ब्रह्मज्ञानोत्पत्तिं प्रकृतिं परिपृच्छामि ॥ १॥ श्री भगवानुवाच । प्रणवेन व्याहृतयः प्रवर्तन्ते तमसस्तु परं ज्योतिः । कः पुरुषः ? स्वयम्भूर्विष्णुरिति । अथ ताः स्वाङ्गुल्या मथ्नाति । मथ्यमानात् फेनो भवति । फेनाद् बुद्बुदो भवति। बुद्बुदादण्डं भवति । अण्डात् आत्मा भवति । आत्मन आकाशो भवति । आकाशाद्वायुर्भवति । वायोर्ग्निर्भवति । अग्नेरोङ्कारो भवति । ओङ्काराद् व्याहृतिर्भवति । व्याहृत्या गायत्री भवति । गायत्र्याः सावित्री भवति । सावित्र्याः सरस्वती भवति । सरस्वत्या वेदाः भवन्ति । वेदेभ्यो ब्रह्मा भवति । ब्रह्मणो लोका भवन्ति । तस्माल्लोकाः प्रवर्तन्ते । चत्वारो वेदाः साङ्गाः सोपनिषदः सेतिहासास्तेसर्वे गायत्र्याः प्रवर्तन्ते । यथाग्निर्देवानां, ब्राह्मणो मनुष्याणां, मेरुः शिखरिणां, गङ्गा नदीनां, वसन्त ऋतूणां, ब्रह्मा प्रजापतीनां, एवमसौ मुख्यः । गायत्र्या गायत्रीछन्दो भवति ॥ २॥ किं भूः ? किं भुवः ? किं स्वः ? किं महः ? किं जनः ? किं तपः ? किं सत्यम् ? किं तत् ? किं सवितुः ? किं वरेण्यम् ? किं भर्गः ? किं देवस्य ? किं धीमहि ? किं धियः ? किं यः ? किं नः ? किं प्रचोदयात् ? ॥ ३॥ भूरिति भूर्लोको, भुव इत्यन्तरिक्षलोकः, स्वरिति स्वर्लोको, महरिति महर्लोको, जन इति जनो लोकः, तप इति तपो लोकः, सत्यमिति सत्यलोकः, भूर्भुवः स्वरिति त्रैलोक्यं तदिति तेजो यत्तेजसोऽग्निर्देवता सवितुरित्यादित्यस्य वरेण्यमित्यन्नम् अन्नमेव प्रजापतिः । भर्ग इत्यापः, आपो वै भर्गः । यदापस्तत् सर्वा देवताः । देवस्य सवितुर्देवो वा यः पुरुषः स विष्णुः । धीमहीत्यैश्वर्यं, यदैश्तर्यं स प्राण इत्यध्यात्मं, तदध्यात्मम् । तत् परमं पदं, तन्महेश्वरः, धिय इति महीति । पृथिवी मही । यो नः प्रचोदयादिति कामः । काम इमान् लोकान् प्रच्यायवते । यो नृशंसः । योऽनृशंसोऽस्याः स परो धर्म इत्येषा वै गायत्री ॥ ४॥ किं गोत्रा ? कत्यक्षरा ? कति पादा ? कति कुक्षिः ? कति शीर्षा ? ॥ ५॥ साङ्ख्यायन गोत्रा, चतुर्विंशत्यक्षरा वै गायत्री, त्रिपदा, षट्कुक्षिः, पञ्च शीर्षा ॥ ६॥ केऽस्यास्त्रयः पादा भवन्ति

? का अस्या षट् कुक्षयः ? कानि च पञ्च शीर्षाणि ? ॥ ७॥ ऋग्वेदोऽस्याः प्रथमः पादो भवति, यजुर्वेदो द्वितीयः सामवेदस्तृतीयः । पूर्वा दिक् प्रथमा कुक्षिर्भवति । दक्षिणा द्वितीया, पश्चिमा तृतीया, उत्तरा चतुर्थी, ऊर्ध्वा पञ्चमी, अधोऽस्याः षष्ठी । व्याकरणमस्याः प्रथमं शीर्षां भवति, शिक्षा द्वितीयं, कल्पस्तृतीयं, निरुक्तं चतुर्थं, ज्योतिषामयनमिति पञ्चमम् ॥ ८॥ किं लक्षणम् ? किं विचेष्टितम् ? किमुदाहृतम् ? ॥ ९॥ लक्षणं मीमांसा, अथर्ववेदो विचेष्टितं, छन्दो विचितिरुदाहृतम् ॥ १०॥ को वर्णः ? कः स्वरः ? श्वेतो वर्णः षट् स्वराः ॥ ११॥ पूर्वा भवति गायत्री, मध्यमा सावित्री, पश्चिमा स्नध्या सरस्वती । रक्ता गायत्री, श्वेता सावित्री, कृष्णा सरस्वती ॥ १२॥ प्रणवे नित्ययुक्ता स्याद् व्याहृतिषु च सप्तसु । सर्वेषामेव पापानां सङ्करे समुपस्थिते । शतसाहस्रमभ्यस्ता गायत्री पावनं महत् ॥ १३॥ उषः काले रक्ता, मध्याह्ने श्वेताऽपराह्मे कृष्णा । पूर्व सन्धि ब्राह्मी, मध्य सन्धि माहेश्वरी, परा सन्धि वैष्णवी । हंसवाहिनी ब्राह्मी, वृषवाहिनी माहेश्वरी, गरुडवाहिनी वैष्णवी ॥ १४॥ पूर्वाह्मकाले सन्ध्या गायत्री, कुमारी रक्ताङ्गी रक्तवासास्त्रिनेत्रा पाशाङ्कुशाक्षमाला कमण्डलुकरा हंसारूढा ऋग्वेदसहिता, ब्रह्मदैवत्या भूर्लोक व्यवस्थितादित्यपथगामिनी ॥ १५॥ मध्याह्नकाले सन्ध्या सावित्री युवती श्वेताङ्गी श्वेतवासास्त्रिनेत्रा पाशाङ्कुशत्रिशूलडमरुहस्ता वृषभारूढा यजुर्वेदसहिता, रुद्रदैवत्या भुवर्लोक व्यवस्थितादित्यपथगामिनी ॥ १६॥ सायाह्मकाले सन्ध्या सरस्वती वृद्ध कृष्णाङ्गी, कृष्णवासास्त्रिनेत्रा शङ्ख-गदा-चक्र-पद्महस्त-गरुडारूढा सामवेदसहिता विष्णु-दैवत्या स्वर्लोक व्यवस्थितादित्यपथगामिनी ॥ १७॥ कान्यक्षर दैवतानि भवन्ति ? ॥ १८॥ प्रथममाग्नेयं, द्वितीयं प्राजापत्यं, तृतीयं सौम्यं, चतुर्थमैशानं, पङ्चमादित्यं, षष्ठं बार्हस्पत्यं, सप्तमं भगदैवत्यं, अष्टमं पितृदैवत्यं, नवममर्यमणं, दशमं सावित्रं, एकादशं त्वाष्ट्रं, द्वादशं पौष्णं, त्रयोदशमैन्द्राग्नं, चतुर्दशं वायव्यं, पञ्चदशं वामदेव्यं, षोडशं मैत्रावरुणं, सप्तदशं वाभ्रव्यं, अष्टादशं वैश्वदेव्यं, एकोनविंशतिकं वैष्णव्यं, विंशतिकं वासवं, एकविंशतिकं तौषितं, द्वाविंशतिकं कौबेरं, त्रयोविंशतिकं आश्विनं, चतुर्विंशतिकं ब्राह्मं इत्यक्षरदैवतानि भवन्ति ॥ १९॥ द्यौर्मूर्ध्निसङ्गतास्ते, ललाटे रुद्रः, भ्रुवोर्मेघः चक्षुशोश्चन्द्रादित्यौ, कर्णयोः शुक्रबृहस्पती, नासिके वायुदैवत्ये, दन्तौष्ठावुभयसन्ध्ये, मुखमग्निः, जिह्वा सरस्वती, ग्रीवासाध्यानुगृहीतिः, स्तनयोर्वसवः, बाह्वोर्मरुतः, हृदयं पर्जन्यमाकाशमुदरं, नाभिरन्तरिक्षं, कट्योरिन्द्राग्नी, जघनं प्राजापत्यं, कैलासमलयावूरु, विश्वेदेवा जानुनी, जह्नुकुशिकौ जङ्घाद्वयं, खुराः पितराः, पादौ वनस्पतयः, अङ्गुलयो रोमाणि, नखाश्च मुहूर्तास्तेऽपि ग्रहाः, केतुर्मासा ऋतवः, सन्ध्याकालस्तथाच्छादनं संवत्सरो निमिषमहोरात्र आदित्यश्चन्द्रमाः ॥ २०॥ सहस्रपरमां देवीं शतमध्यां दशावरां । सहस्रनेत्रां गायत्रीं शरणमहं प्रपद्ये ॥ २१॥ ॐ तत्सवितुर्वरेण्याय नमः । ॐ तत् पूर्व जयाय नमः । ॐ तत् प्रातरादित्य प्रतिष्ठाय नमः ॥ २२॥ सायमधीयानो दिवसकृतं पापं नाशयति । प्रातरधीयानो रात्रिकृतं पापं नाशयति । तत् सायं प्रातरधीयानोऽपापो भवति ॥ २३॥ य इदं गायत्रीहृदयं ब्राह्मणः पठेत् अपेयपानात् पूतो भवति । अभक्ष्यभक्षणात् पूतो भवति

। अज्ञानात् पूतो भवति । स्वर्णस्तेयात् पूतो भवति । गुरु तल्पगमनात् पूतो भवति । अपङ्क्ति पावनात् पूतो भवति । ब्रह्महत्यायाः पूतो भवति । अब्रह्मचारी ब्रह्मचारी भवति । इत्यनेन हृदयेनाधीतेन क्रतु सहस्रेणेष्टो भवति । षष्टि शतसहस्राणि जप्यानि फलानि भवन्ति अष्टौ ब्राह्मणान् सम्यग् ग्राहयेदर्थसिद्धिर्भवति ॥ २४॥ य इदं नित्यमधीयानो ब्राह्मणः प्रयतः शुचिः सर्वपापैः प्रमुच्यते इति । ब्रह्मलोके महीयते इत्याह भगवान् याज्ञवल्क्यः ॥ २५॥ ॥ इति गायत्री हृदयं सम्पूर्णम्॥

11

मुक्तिचिन्तामणि गायत्रीकवचम्

मुक्तिचिन्तामणि गायत्रीकवचम्

श्रीदेव्युवाच - भगवन् सर्वलोकेश, वेदतत्त्वाधिसागर । सर्वज्ञ भैरवेशान, जगन्नाथ कृपानिधे ॥ १॥ कवचं देव गायत्र्याः, सर्वतत्त्वमयं परम् । मुक्तिचिन्तामणिं नाम, त्वया मे प्राङ्निवेदितम् ॥ २॥ मन्त्रगर्भं सुरैः पूज्यं, सर्वापत्तारणं विभो! । ब्रह्मवेधमयं ब्रूहि, यद्यहं

तव वल्लभा ॥ ३॥ श्रीभैरव उवाच -- शृणु देवि ! प्रवक्ष्यामि, तव स्नेहाद् रहस्यकम् । कवचं तत्त्वभूतं ते, सर्वमन्त्रैक-विग्रहम् ॥ ४॥ मुक्तिचिन्तामणिं नाम, गायत्रीमन्त्र-विग्रहम् । मातृकाबीजनिलयं, व्याहृतिब्रह्मसम्मितम् ॥ ५॥ सर्वशक्तिमयं देवि ! सर्वारिष्टविमर्दनम् । महापातकविघ्नौघ-ब्रह्महत्यादिनाशनम् ॥ ६॥ विनियोगः- ॐ अस्य श्रीकवचस्यापि, ऋषिः प्रोक्तः सदाशिवः । गायत्रीदेवता देवि, बीजं प्रणव ईरितः ॥ ७॥ लक्ष्मीशक्तिः शिवा भीमा कीलकं समुदाहृतम् । धर्मार्थकाममोक्षार्थे, विनियोगस्तु धारणे ॥ ८॥ एवं विनियुज्य- ॐ अं शिरो मेऽवताद्देवी, गायत्री परमार्थदा । ॐ आं सौः मेऽवताद्देवी भालं वेदार्थसुन्दरी ॥ १॥ ॐ इं हसौः भ्रुवौ पातु, मम तन्त्रार्थसुन्दरी । ॐ ईं सौः नयने पातु मम व्याहृतिसुन्दरी ॥ २॥ ॐ उं ऐं मेऽवतात् कर्णौ, सदा भूर्लोकसुन्दरी । ॐ ऊं क्लीं मेऽवताद् गण्डौ श्रीभुवोलोकसुन्दरी ॥ ३॥ ॐ ऋं श्रीं मेऽवताद् नासां सा स्वर्लोकैकसुन्दरी । ॐ ॠं ह्रीं मेऽवतादोष्ठौ महर्लोकैकसुन्दरी ॥ ४॥ ॐ लृं क्लीं मेऽवताद्दन्ताञ्जनलोकैकसुन्दरी । ॐ लॄं ग्लौं मेऽवताज्जिह्वां तपोलोकैकसुन्दरी ॥ ५॥ ॐ एं गां पातु मे वक्त्रं सत्यलोकैकसुन्दरी । ॐ ऐं यं पातु मे कण्ठं सदाभुवनसुन्दरी ॥ ६॥ ॐ ॐ त्रीं पातु मे स्कन्धौ, सदा ब्रह्माण्डसुन्दरी । ॐ औं श्रीं पातु मे बाहू सदा सर्वाङ्गसुन्दरी ॥ ७॥ ॐ अं श्रीं पातु मे हस्तौ, सदा सर्वार्थसुन्दरी । ॐ अः ह्रीं पातु मे वक्षः सदा देवेन्द्रसुन्दरी ॥ ८॥ ॐ कं श्रीं पातु मे पृष्ठं, सदा दानवसुन्दरी । ॐ खं श्रीं पातु मे पार्श्वौः श्रीविद्याधरसुन्दरी ॥ ९॥ ॐ गं ह्रीं पातु मे कुक्षी, अप्सरोलोकसुन्दरी । ॐ घं ऐं पातु मे नाभिं यक्षलोकैकसुन्दरी ॥ १०॥ ॐ ङ प्रिं मेऽवतान्मेढ्रं, रक्षोलोकैकसुन्दरी । ॐ चं स्त्रीं मेऽवताच्छिश्नं सदा गन्धर्वसुन्दरी ॥ ११॥ ॐ छं हां पातु मे ऊरू, सदा गुह्यकसुन्दरी । ॐ जं स्वा पातु मे जानू सिद्धलोकैकसुन्दरी ॥ १२॥ ॐ झं ह्रीं पातु मे तत्र पृथुलं मांस-सञ्चयम् । ॐ ञं ऐं पातु मे तत्र दृढमस्थिचयं सदा ॥ १३॥ ॐ टं स्त्रीं पातु मे जङ्घे भूतलोकैकसुन्दरी । ॐ ठं प्रिं पातु मे गुल्फो नागलोकैकसुन्दरी ॥ १४॥ ॐ डं ऐं पातु मे पादौ मर्त्यलोकैकसुन्दरी । विस्मारितं च तत्स्थानं यत्स्थानं नामवर्जितम् ॥ १५॥ ॐ ढं ह्रीं पातु तत्सर्वं वपुस्त्रिपुरसुन्दरी । ॐ णं ह्रीं पूर्व इन्द्रोऽव्यात् ॐ तं श्रीं अग्निरग्रतः ॥ १६॥ ॐ थं ह्रीं दक्षिणे धर्मो, ॐ दं श्रीं नैऋत्यां स्वतः । ॐ धं श्रीं श्री वरुणः पातु पश्चिमे मां जलेश्वरः ॥ १७॥ ॐ नं श्रीं वायुतो वायुर्वायव्वे मां सदाऽवतु । ॐ पं श्रीं मामुदरे पातु कुबेरोयक्षराट् सदा ॥ १८॥ ॐ फं यं मामीश्वरः पातु स्वयमीशाननायकः । ॐ बं गां ऊर्ध्वमात्मभूर्भगवान् सर्वदाऽवतु ॥ १९॥ ॐ भं ग्लौं पातु मां विष्णुरधस्तात् सर्वदा हरिः । ॐ मं भै मे गुरुः प्रातः ॐ यं श्रीं मां मध्यवासरे ॥ २०॥ ॐ रं ह्रीं मेऽवतात् सायं परात्पर-गुरुस्तथा । ॐ लं क्लीं मां निशीथेऽव्यात् परमेष्ठि गुरुः सदा ॥ २१॥ ॐ वं ऐं मां निशीथान्ते पातु साधक-नायकी । ॐ शं श्रीं मां भगवती ब्रह्मरूपा दिनेऽवतु ॥ २२॥ ॐ षं ह्रीं मां जगन्माता विष्णुरूपा सदाऽवतु । ॐ सं ऐं मां वेदमाता शिवरूपा सदाऽवतु ॥ २३॥ ॐ हूं श्रीं मां चक्रतः पातु गायत्री चक्रनायकी । ॐ (मूलं) लं क्ष रूपं मां पायात् सदा सद्ब्रह्मनायकी ॥ २४॥ लक्ष्मीर्लक्ष्मीं सदा पातु, कीर्तिं कीर्तिः सदाऽवतु । धृतिं-धैर्यं सदा पातु धन्या भाग्यं ममाऽवतु ॥ २५॥ स्थितं स्थिता सदा पातु, शान्तिः शान्तिं प्रयच्छतु । विभा दीप्तिं सदा पातु

मतिर्बुद्धिं ममाऽवतु ॥ २६॥ गतिर्गतिं च मे पातु, भ्रान्तिर्भ्रान्तिं सदाऽवतु । नतिर्नतिं च मे पातु वाणी वाणीं प्रयच्छतु ॥ २७॥ सेना सेनाधिपत्यं मे, शोभा शोभां प्रयच्छतु । क्रियादेवी क्रियासिद्धिं नुतिर्नुतिं प्रयच्छतु ॥ २८॥ एताः षोडशपत्रस्थाः, पान्तु मां सर्वतोभयात् । ब्राह्मी पूर्वदले पातु वह्नौ नारायणी तथा ॥ २९॥ दक्षिणे पातु मां चण्डी, नैर्ऋते शाम्भवी तथा । पश्चिमेऽपराजिताऽव्यात्कौमारीवायुकोणतः ॥ ३०॥ वाराही चोत्तरे पातु, ईशाने नारसिंहिका । रुरुः सङ्ग्रामतः पातु चण्डो भूपभयात् सदा ॥ ३१॥ करालोऽव्यात् श्मशाने-मां संहारोऽव्यात् समुद्रतः । भीषणः पातु दुर्भिक्षात् कालाग्निः कालपाशतः ॥ ३२॥ उन्मत्तः पातु मां चौरात् क्रोधोऽव्यान्मां विपत्तितः । एते सशक्तिकाः पान्तु वसुपत्रेषु भैरवाः ॥ ३३॥ सरस्वती गिरं पातु, सती सत्यं सदाऽवतु । दुर्गा दुर्गतितो रक्षेत् सावित्री वसु रक्षतु ॥ ३४॥ श्रीब्रह्मवादिनी ज्ञानं श्रीमतीं श्रियमुत्तमाम् । कुब्जिका च कुलं क्षिप्रं पाशं संसारबन्धनात् ॥ ३५॥ तारिणी चारितो रक्षेद् ध्रुवं मां विश्वमङ्गला । बहिर्दशार-चक्रस्था पातु मां सर्वतः सदा ॥ ३६॥ त्रिपुरा पातु मां नित्यं, कालिकाऽवतु मां सदा । तारा मां पातु सततं सखी च सर्वदाऽवतु ॥ ३७॥ बगला पातु मां नित्यं, बाला मां पातु सर्वतः । बैखरी पातु मां नित्यं, देवी तुर्या सदाऽवतु । छिन्नशीर्षावतान्नित्यं, पातु मां भुवनेश्वरी । अन्तर्दशारचक्रस्था देवता पातु मां सदा ॥ ३९॥ गङ्गा मां पावनं पातु, यमुना पातु सर्वदा । सरस्वती च मां पातु त्रिकोणस्थाश्च देवताः ॥ ४०॥ मूलविद्या च मां पातु, गायत्री त्रिपदास्तवा । चतुर्मुखः शिवः पातु पातु पद्मासनः प्रभुः ॥ ४१॥ अक्षसूत्रं च मां पातु, पद्मं पातु शिवप्रियः । त्रिशूलं सर्वदा पातु लगुडं पातु सर्वदा ॥ ४२॥ मूलं च सर्वदा पातु चतुर्विंशाक्षरात्मकम् । सर्वत्र सर्वदा पातु परमार्थाधिदेवता ॥ ४३॥ इति मन्त्रमयं दिव्यं कवचं देव-दुर्लभम् । गायत्र्यास्त्रिपदा देव्या लयाङ्गनिलयं परम् ॥ ४४॥ मूलविद्यामयं ब्रह्म, विद्यानिधिमयं परम् । सर्वदेवप्रियं मुक्तेः साधनं भुक्ति-वर्धनम् ॥ ४५॥ मुक्ति-चिन्तामणिर्नाम गायत्री-तत्त्वकारिणी । मारणं सर्व-शत्रूणां वारणं सकलापदाम् ॥ ४६॥ तारणं च भवाम्भोधेः सर्वैश्वर्यैककारणम् । र वौ यो ह्यष्टगन्धेन लिखेद् भूर्जे महेश्वरि ! ॥ ४७॥ श्वेतसूत्रेण संवेष्ट्य सौवर्णेनाथ वेष्टयेत् । पञ्चगव्येन संशोध्य गायत्रीरूपेण स्मरेत् ॥ ४८॥ तामर्चयेन्महादेवि ! विद्यया यन्त्रराजवत् । मकारैः पञ्चभिर्गोप्यैर्महार्चनक्रमेश्वरः ॥ ४९॥ यथार्थतस्तत् सम्पूज्य गुटिं भोगापवर्गदाम् । बध्नीयात् कण्ठदेशे तु सर्वसिद्धिः प्रजायते ॥ ५०॥ शिरःस्था गुटिका देवि राजलोक-वशङ्करी । भूतस्था गुटिका देति ! रणे विजयदायिनी ॥ ५१॥ कुक्षिस्था रोगशमनी, वक्षःस्था पुत्र-पौत्रदा । कण्ठस्थैश्वर्यदा लोके सर्व-सारस्वत-प्रदा ॥ ५२॥ इत्येवं कवचं देवि! गायत्रीतत्त्वमुत्तमम् । गुह्यं गोप्यतमं देवि! गोपनीयं स्वयोनिवत् ॥ ५३॥ यह कवच अनेक महत्त्वपूर्ण तत्त्वों से परिपूर्ण है । इसमें समस्त शरीरावयवों की रक्षा के लिए गायत्री स्वरूप में ही व्याप्त महादेवियों और प्रमुख देवों के स्मरण के साथ-साथ बहुत-से बीज-मन्त्रों का योग करके रक्षा की प्रार्थना की गई है । वस्तुतः साधना में आने वाले बाह्य- विघ्नों और आन्तरिक आपदाओं से बचने के लिए यह अभेद्य मणिमय कवच है । इसका पुरश्चरण अथवा प्रमुख पर्व, ग्रहणादि के समय पाठ करके इसे अष्टगन्ध से भूर्जपत्र पर लिखे

और श्वेत कच्चे सूत से उसे लपेट कर सोने के ताबीज में रखे । तदनन्तर पञ्चगव्य से स्नान कराये और साक्षात् गायत्री माता का स्वरूप मानकर उसकी यन्त्रार्चना के समान ही अर्चना करे । तदनन्तर शरीर के अवयव-कण्ठ, भुजा, कटि आदि में धारण करे तो उसे ऐश्वर्य, सारस्वत ज्ञान, पुत्र-पौत्र और दीर्घायु प्राप्त होते हैं । इति श्रीरुद्रयामले तन्त्रे मुक्तिचिन्तामणि गायत्रीकवचं समाप्तम् ।

12

सावित्रीपञ्जरस्तोत्रम् अथवा गायत्रीपञ्जरस्तोत्रम्

सावित्रीपञ्जरस्तोत्रम् अथवा गायत्रीपञ्जरस्तोत्रम्

श्रीगणेशाय नमः ॥ भगवन्तं देवदेवं ब्रह्माणं परमेष्ठिनम् । विधातारं विश्वसृजं पद्मयोनिं प्रजापतिम् ॥ १॥ शुद्धस्फटिकसङ्काशं महेन्द्रशिखरोपमम् । बद्धपिङ्गजटाजूटं तडित्कनककुण्डलम् ॥ २॥ शरच्चन्द्राभवदनं स्फुरदिन्दीवरेक्षणम् ।

हिरण्मयं विश्वरूपमुपवीताजिनावृतम् ॥ ३॥ मौक्तिकाभाक्षवलयस्तन्त्रीलयसमन्वितः ।
कर्पूरोद्धूलिततनुः स्रष्टुर्नयनवर्धनम् ॥ ४॥ विनयेनोपसङ्गम्य शिरसा प्रणिपत्य च । नारदः
परिपप्रच्छ देवर्षिगणमध्यगः ॥ ५॥ नारद उवाच । भगवन् देवदेवेश सर्वज्ञ करुणानिधे
। श्रोतुमिच्छामि प्रश्नेन भोगमोक्षैकसाधनम् ॥ ६॥ ऐश्वर्यस्य समग्रस्य फलदं
द्वन्द्ववर्जितम् । ब्रह्महत्यादिपापघ्नं पापाद्यरिभयापहम् ॥ ७॥ यदेकं निष्कलं सूक्ष्मं
निरञ्जनमनामयम् । यत्ते प्रियतमं लोके तन्मे ब्रूहि पितर्मम ॥ ८॥ ब्रह्मोवाच । शृणु
नारद वक्ष्यमि ब्रह्ममूलं सनातनम् । सृष्ट्यादौ मन्मुखे क्षिप्तं देवदेवेन विष्णुना ॥ ९॥
प्रपञ्चबीजमित्याहुरुत्पत्तिस्थितिहेतुकम् । पुरा मया तु कथितं कश्यपाय सुधीमते ॥ १०॥
सावित्रीपञ्जरं नाम रहस्यं निगमत्रये । ऋष्यादिकं च दिग्वर्णं साङ्गावरणकं क्रमात् ॥
११॥ वाहनायुधमन्त्रास्त्रं मूर्तिध्यानसमन्वितम् । स्तोत्रं शृणु प्रवक्ष्यामि तव स्नेहाच्च नारद
॥ १२॥ ब्रह्मनिष्ठाय देयं स्याददेयं यस्य कस्यचित् । आचम्य नियतः
पश्चादात्मध्यानपुरःसरम् ॥ १३॥ ओमित्यादौ विचिन्त्याथ व्योमहैमाब्जसंस्थितम् ।
धर्मकन्दगतज्ञानमैश्वर्याष्टदलान्वितम् ॥ १४॥ वैराग्यकर्णिकाऽऽसीनां प्रणवग्रहमध्यगाम्
। ब्रह्मवेदिसमायुक्तां चैतन्यपुरमध्यगाम् ॥ १५॥ तत्त्वहंससमाकीर्णां शब्दपीठे
सुसंस्थिताम् । नादबिन्दुकलातीतां गोपुरैरुपशोभिताम् ॥ १६॥
विद्याविद्यामृतत्वादिप्रकारैरभिसंवृताम् । निगमार्गलसञ्छन्नां निर्गुणद्वारवाटिकाम् ॥
१७॥ चतुर्वर्गफलोपेतां महाकल्पवनैवृताम् । सान्द्रानन्दसुधासिन्धुनिगमद्वारवाटिकाम् ॥
१८॥ ध्यानधारणयोगादितृणगुल्मलतावृताम् । सदसच्चित्स्वरूपाख्यां मृगपक्षिसमाकुलाम्
। विद्याविद्याविचारत्वाल्लोकालोकाचलावृताम् ॥ १९॥
अविकारसमाश्लिष्टनिजध्यानगुणावृताम् । पञ्चीकरणपञ्चोत्थभूततत्त्वनिवेदिताम् ॥
२०॥ वेदोपनिषदर्थाख्यदेवर्षिगणसेविताम् । इतिहासग्रहगणैः सदारैरभिवन्दिताम् ॥ २१॥
गाथाप्सरोभिर्यक्षैश्च गणकिन्नरसेविताम् । नारसिंहपुराणाख्यैः पुरुषैः कल्पचारणैः ॥ २२॥
कृतगानविनोदादिकथालापनतत्पराम् । तदित्यवाङ्मनोगम्यतेजोरूपधरां पराम् ॥ २३॥
जगतः प्रसवित्रीं तां सवितुः सृष्टिकारिणीम् । वरेण्यमित्यन्नमयीं पुरुषार्थफलप्रदाम् ॥ २४॥
अविद्यावर्णवर्ज्यां च तेजोवद्गर्भसंज्ञिकाम् । देवस्य सच्चिदानन्दपरब्रह्मरसात्मिकाम्
॥ २५॥ धीमह्यहं स वै तद्वद्ब्रह्माद्वैतस्वरूपिणीम् । धियो यो नस्तु सविता
प्रचोदयादुपासिताम् ॥ २६॥ परोऽसौ सविता साक्षादेनोनिर्हरणाय च । परो रजस इत्यादि
परं ब्रह्म सनातनम् ॥ २७॥ आपो ज्योतिरिति द्वाभ्यां पाञ्चभौतिकसंज्ञकम् । रसोऽमृतं
ब्रह्मपदैस्तां नित्यां तपिनीं पराम् ॥ २८॥ भूर्भुवःसुवरित्येतैर्निगमत्वप्रकाशिकाम् ।
महर्जनस्तपःसत्यलोकोपरिसुसंस्थिताम् ॥ २९॥ तादृगस्या विराड्रूपकिरीटवरराजिताम् ।
व्योमकेशालकाकाशरहस्यं प्रवदाम्यहम् ॥ ३०॥ मेघभ्रुकुटिकाक्रान्तविधिविष्णुशिवार्चिताम्
। गुरुभार्गवकर्णान्तां सोमसूर्याग्निलोचनाम् ॥ ३१॥ इडापिङ्गलसूक्ष्माभ्यां
वायुनासापुटान्विताम् । सन्ध्यादिवरोष्ठपुटितां लसद्वाग्भूपजिह्विकाम् ॥ ३२॥ सन्ध्यासौ
द्युमणेः कण्ठलसद्बाहुसमन्विताम् । पर्जन्यहृदयासक्तवसुसुस्तनमण्डलाम् ॥ ३३॥

आकाशोदरवित्रस्तनाभ्यवान्तरदेशकाम् । प्रजापत्याख्यजघनां कटीन्द्राणीति संज्ञिकाम् ॥ ३४॥ ऊरू मलयमेरुभ्यां शोभमानासुरद्विषम् । जानुनी जह्नुकुशिकवैश्वदेवसदाभुजाम् ॥ ३५॥ अयनद्वयजङ्घाद्यखुराद्यपितृसंज्ञिकाम् । पदाङ्घ्रिनखरोमाद्यभूतलद्रुमलाञ्छिताम् ॥ ३६॥ ग्रहराश्यृक्षदेवर्षिमूर्तिं च परसंज्ञिकाम् । तिथिमासर्तुवर्षाख्यसुकेतुनिमिषात्मिकाम् ॥ ३७॥ अहोरात्रार्धमासाख्यां सूर्याचन्द्रमसात्मिकाम् । मायाकल्पितवैचित्र्यसन्ध्याच्छादनसंवृताम् ॥ ३८॥ ज्वलत्कालानलप्रख्यां तडित्कोटिसमप्रभाम् । कोटिसूर्यप्रतीकाशां चन्द्रकोटिसुशीतलाम् ॥ ३९॥ सुधामण्डलमध्यस्थां सान्द्रानन्दामृतात्मिकाम् । प्रागतीतां मनोरम्यां वरदां वेदमातरम् ॥ ४०॥ चराचरमयीं नित्यां ब्रह्माक्षरसमन्विताम् । ध्यात्वा स्वात्मनि भेदेन ब्रह्मपञ्जरमारभेत् ॥ ४१॥ पञ्जरस्य ऋषिश्चाहं छन्दो विकृतिरुच्यते । देवता च परो हंसः परब्रह्माधिदेवता ॥ ४२॥ प्रणवो बीजशक्तिः स्यादों कीलकमुदाहृतम् । तत्तत्त्वं धीमहि क्षेत्रं धियोऽस्त्रं यः परं पदम् ॥ ४३॥ मन्त्रमापो ज्योतिरिति योनिर्हंसः सबन्धकम् । विनियोगस्तु सिद्ध्यर्थं पुरुषार्थचतुष्टये ॥ ४४॥ ततस्तैरङ्गषट्कं स्यात्तैरेव व्यापकत्रयम् । पूर्वोक्तदेवतां ध्यायेत् साकारगुणसंयुताम् ॥ ४५॥ पञ्चवक्त्रां दशभुजां त्रिपञ्चनयनैर्युताम् । मुक्ताविद्रुमसौवर्णां सितशुभ्रसमाननाम् ॥ ४६॥ वाणीं परां रमां मायां चामरैर्दर्पणैर्युताम् । षडङ्गदेवतामन्त्रै रूपाद्यवयवात्मिकाम् ॥ ४७॥ मृगेन्द्रमृगपक्षीन्द्रमृगहंसासने स्थिताम् । अर्धेन्दुबद्धमुकुटकिरीटमणिकुण्डलाम् ॥ ४८॥ रत्नताटङ्कमाङ्गल्यपरग्रैवेयनूपुराम् । अङ्गुलीयककेयूरकङ्कणाद्यैरलङ्कृताम् ॥ ४९॥ दिव्यस्रग्वस्त्रसञ्छन्नरविमण्डलमध्यगाम् । वराभयाब्जयुगलां शङ्खचक्रगदाङ्कुशान् ॥ ५०॥ शुभ्रं कपालं दधतीं वहन्तीमक्षमालिकाम् । गायत्रीं वरदां देवीं सावित्रीं वेदमातरम् ॥ ५१॥ आदित्यपथगामिन्यां स्मरेद्ब्रह्मस्वरूपिणीम् । विचित्रमन्त्रजननीं स्मरेद्विद्यां सरस्वतीम् ॥ ५२॥ त्रिपदा ऋह्मयी पूर्वामुखी ब्रह्मास्त्रसंज्ञिका । चतुर्विंशतितत्त्वाख्या पातु प्राचीं दिशं मम ॥ ५३॥ चतुष्पादयजुर्ब्रह्मदण्डाख्या पातु दक्षिणाम् । षट्त्रिंशत्तत्त्वयुक्ता सा पातु मे दक्षिणां दिशम् ॥ ५४॥ प्रत्यङ्मुखी पञ्चपदी पञ्चाशत्तत्त्वरूपिणी । पातु प्रतीचीमनिशं सामब्रह्मशिरोऽङ्किता ॥ ५५॥ सौम्या ब्रह्मस्वरूपाख्या साथर्वाङ्गिरसात्मिका । उदीचीं षट्पदा पातु चतुःषष्टिकलात्मिका ॥ ५६॥ पञ्चाशत्तत्त्वरचिता भवपादा शताक्षरी । व्योमाख्या पातु मे चोर्ध्वां दिशं वेदाङ्गसंस्थिता ॥ ५७॥ विद्युन्निभा ब्रह्मसंज्ञा मृगारूढा चतुर्भुजा । चापेषुचर्मासिधरा पातु मे पावकीं दिशम् ॥ ५८॥ ब्राह्मी कुमारी गायत्री रक्ताङ्गी हंसवाहिनी । बिभ्रत्कमण्डल्वक्षस्रक्स्त्रुवान्मे पातु नैरृतीम् ॥ ५९॥ चतुर्भुजा वेदमाता शुक्लाङ्गी वृषवाहिनी । वराभयकपालाक्षस्रग्विणी पातु वारुणीम् ॥ ६०॥ श्यामा सरस्वती वृद्धा वैष्णवी गरुडासना । शङ्खाराब्जाभयकरा पातु शैवीं दिशं मम ॥ ६१॥ चतुर्भुजा वेदमाता गौराङ्गी सिंहवाहना । वराभयाब्जयुगलैर्भुजैः पात्वधरां दिशम् ॥ ६२॥ तत्तत्पार्श्वस्थिताः स्वस्ववाहनायुधभूषणाः । स्वस्वदिक्षु स्थिताः पान्तु ग्रहशक्त्यङ्गदेवताः ॥ ६३॥ मन्त्राधिदेवतारूपा मुद्राधिष्ठान देवता । व्यापकत्वेन

पात्वस्मानापहृत्तलमस्तकी ॥ ६४॥ तत्पदं मे शिरः पातु भालं मे सवितुःपदम् । वरेण्यं मे दृशौ पातु श्रुतीर्भगः सदा मम ॥ ६५॥ घ्राणं देवस्य मे पातु पातु धीमहि मे मुखम् । जिह्वा मम धियः पातु कण्ठं मे पातु यःपदम् ॥ ६६॥ नःपदं पातु मे स्कन्धौ भुजौ पातु प्रचोदयात् । करौ मे च परः पातु पादौ मे रजसेऽवतु ॥ ६७॥ असौ मे हृदयं पातु मम मध्यं सदावतु । ॐ मे नाभिं सदा पातु कटिं मे पातु मे सदा । ओमापः सक्थिनी पातु गुह्यं ज्योतिः सदा मम ॥ ६८॥ ऊरू मम रसः पातु जानुनी अमृतं मम । जङ्घे ब्रह्मपदं पातु गुल्फौ भूः पातु मे सदा ॥ ६९॥ पादौ मम भुवः पातु सुवः पात्वखिलं तपुः । रोमाणि मे महः पातु रोमकं पातु मे जनः ॥ ७०॥ प्राणांश्च धातुतत्त्वानि तदीशः पातु मे तपः । सत्यं पातु ममायूंषि हंसो शुद्धिं च पातु मे ॥ ७१॥ शुचिवत् पातु मे शुक्रं वसुः पातु श्रियं मम । मतिं पात्वन्तरिक्षं सद्धोता दानं च पातु मे ॥ ७२॥ वेदिषत् पातु मे विद्यामतिथिः पातु मे गृहम् । धर्मं दुरोणसत् पातु नृषत् पातु सुतान्मम ॥ ७३॥ वरसत् पातु मे भार्यां मृतसत् पातु मे सुतान् । व्योमसत्पातु मे बन्धून् भ्रातॄनब्जाश्च पातु मे ॥ ७४॥ पशून्मे पातु गोजाश्च ऋतजाः पातु मे भवम् । सर्वं मे अद्रिजाः पातु यानं मे पात्वृतं सदा ॥ ७५॥ अनुक्तमथ यत्स्थानं शरीरेऽन्तर्बहिश्च यत् । तत्सर्वं पातु मे नित्यं हंसः सोऽहमहर्निशम् ॥ ७६॥ इदं तु कथितं सम्यङ् मया ते ब्रह्मपञ्जरम् । सन्ध्ययोः प्रत्यहं भक्त्या जपकाले विशेषतः ॥ ७७॥ धारयेद्द्विजवर्यो यः श्रावयेद्वा समाहितः । स विष्णुः स शिवः सोऽहं सोऽक्षरः स विराट् स्वराट् ॥ ७८॥ इति वसिष्ठसंहितायां ब्रह्मनारदसंवादे सावित्रीपञ्जरस्तोत्रं अथवा गायत्रीपञ्जरस्तोत्रं सम्पूर्णम् ॥

13

निर्देश

मनुष्य को चाहिए कि वह इन मन्त्रों को कुश आसन पर बैठकर शुद्ध मन और विश्वास से पढ़े। धीरे-धीरे वह देवी की कृपा से ब्रह्मांड में सभी शक्तियों को प्राप्त कर लेगा। अंत में उसे मोक्ष मिलेगा।

14

गायत्रीस्तुतिः

गायत्रीस्तुतिः

महेश्वर उवाच - जयस्व देवि गायत्रि महामाये महाप्रभे । महादेवि महाभागे महासत्त्वे महोत्सवे ॥ १॥ दिव्यगन्धानुलिप्ताङ्गि दिव्यस्रग्दामभूषिते । वेदमातर्नमस्तुभ्यं त्र्यक्षरस्थे महेश्वरि ॥ २॥ त्रिलोकस्थे त्रितत्त्वस्थे त्रिवह्निस्थे त्रिशूलिनि । त्रिनेत्रे भीमवक्त्रे च भीमनेत्रे भयानके ॥ ३॥ कमलासनजे देवि सरस्वति नमोऽस्तु ते । नमः पङ्कजपत्राक्षि महामायेऽमृतस्रवे ॥ ४॥ सर्वगे सर्वभूतेशि स्वाहाकारे स्वधेऽम्बिके । सम्पूर्णे पूर्णचन्द्राभे भास्वराङ्गे भवोद्भवे ॥ ५॥ महाविद्ये महावेद्ये महादैत्यविनाशिनि । महाबुद्ध्युद्भवे देवि वीतशोके किरातिनि ॥ ६॥ त्वं नीतिस्त्वं महाभागे त्वं गीस्त्वं गौस्त्वमक्षरम् । त्वं धीस्त्वं श्रीस्त्वमोङ्कारस्तत्त्वे चापि परिस्थिता । सर्वसत्त्वहिते देवि नमस्ते परमेश्वरि ॥ ७॥ इत्येवं संस्तुता देवी भवेन परमेष्ठिना । देवैरपि जयेत्युच्चैरित्युक्ता परमेश्वरी ॥ ८॥ इति श्रीवराहमहापुराणे महेश्वरकृता गायत्रीस्तुतिः सम्पूर्णा । हिन्दी भावार्थ - भगवान् महेश्वर बोले -महामाये ! महाप्रभे! गायत्रीदेवि! आपकी जय हो! महाभागे ! आपके सौभाग्य, बल, आनन्द--सभी असीम हैं । दिव्य गन्ध एवं अनुलेपन आपके श्रीअंगोकी शोभा बढाते हैं । परमानन्दमयी देवि! दिव्य मालाएँ एवं गन्ध आपके श्रीविग्रहकी छवि बढाती हैं । महेश्वरि! आप वेदों की माता हैं । आप ही वर्णोंकी मातृका हैं । आप तीनों लोकों मे व्याप्त हैं । तीनों अग्नियों मे जो शक्ति है, वह आपका ही तेज है । त्रिशूल धारण करनेवाली देवि! आपको मेरा नमस्कार है । देवि ! आप त्रिनेत्रा, भीमवक्त्रा, भीमनेत्रा और भयानका आदि अर्थानुरूप नामों से व्यवहृत होती हैं । आप ही गायत्री और सरस्वती हैं । आपके लिये हमारा नमस्कार है । अम्बिके ! आपकी आँखें कमल के समान हैं । आप महामाया हैं । आपसे अमृतकी वृष्टि होती रहती है ॥ १ -४॥ सर्वगे ! आप सम्पूर्ण प्राणियों की अधिष्ठात्री हैं । स्वाहा और स्वधा आपकी ही प्रतिकृतियाँ हैं ; अतः आपको मेरा नमस्कार है । महान् दैत्यों का दलन करनेवाली देवि! आप सभी प्रकारसे परिपूर्ण हैं । आपके मुख की आभा पूर्णचन्द्र के समान है । आपके शरीर से महान् तेज छिटक रहा है । आपसे ही यह सारा विश्व प्रकट होता हे । आप

महाविद्या और महावेद्या हैं । आनन्दमयी देवि ! विशिष्ट बुद्धिका आपसे ही उदय होता हे । आप समयानुसार लघु एवं बृहत् शरीर भी धारण कर लेती हैं । महामाये! आप नीति, सरस्वती, पृथ्वी एवं अक्षरस्वरूपा हैं । देवि! आप श्री, धी तथा ओंकारस्वरूपा हैं । परमेश्वरि! तत्त्वमें विराजमान होकर आप अखिल प्राणियों का हित करती हैं । आपको मेरा बार -बार नमस्कार है ॥ ५ -७॥ इस प्रकार परम शक्तिशाली भगवान् शङ्करने उन देवीकी स्तुति की और देवतालोग भी बडे उच्चस्वर से उन परमेश्वरी की जयध्वनि करने लगे ॥ ८॥ इस प्रकार श्रीवराहमहापुराण में महेश्वरकृत गायत्रीस्तुति सम्पूर्ण हुई ।

15

गायत्र्युपनिषत्

गायत्र्युपनिषत्

॥ गायत्र्युपनिषत् । ॐ भूमिरन्तरिक्ष द्यौरित्यष्टावक्षराणि । अष्टाक्षर ह वा एक गायत्र्यै पदमेतदु हास्या एतत्स यावदेतेषु लोकेषु तावद्ध जयति । योऽस्या एतदेव पद वेद ऋचो यजूषि सामानीत्यष्टाक्षर ह वा एक गायत्र्यै पदमेतदु हास्या एतत्स यावतीय त्रयी विद्या तावद्ध जयति । योऽस्या एतदेव पद वेद प्राणोऽपानो व्यान इत्यष्टावक्षराण्यष्टाक्षर ह वा एक गायत्र्यै पदमेतदु हास्या एतत्स यावदिद प्राणिति तावद्ध जयति । योऽस्या एतदेव पद वेदाथास्या एतदेव तुरीय दर्शित पद परोरजाय एष तपतीति यद्वै चतुर्थ तत्तुरीय दर्शित पदमिति ददर्श इव ह्येष परोरजा इति सर्वमु ह्येष रज उपर्युपरि तपत्येव ह वा एष श्रिया यशसा तपति । योऽस्या एतदेव पद वेद सैषा गायत्री एतस्मिस्तुरीये दर्शिते पदे परोरजसि प्रतिष्ठिता तद्वै तत्सत्ये प्रतिष्ठित चक्षुर्हि वै सत्य तस्माद्यदिदानीं द्वौ विवदमानावेयाता अहमद्राक्षमहमश्रौषमिति । य एव ब्रूयादहमद्राक्षमिति तस्या एव श्रद्धव्या य एतद्वै तत् सत्य बले प्रतिष्ठित तस्मादाहुर्बलसत्यादौ ज्ञेय एव वैषा गायत्र्यध्यात्म प्रतिष्ठिता सा हैषा गायस्तते प्राणा वै गायास्तान् प्राणास्तते उद्यद्गायस्तते तस्माद्गायत्री नाम स यावेमामूमत्वा हैषैवमास यस्मा इत्याह तस्य प्रमाण त्रायते ता हैके सावित्री-मनुष्टुभमन्वाहुरनुष्टुभैतद्वाचमनुब्रूम इति न तथा कुर्याद्गायत्रीमेवानुब्रूयाद्यदि ह वापि बह्विव प्रतिगृह्णाति । इहेव तद्गायत्र्या एकचज पद प्रति य इमास्त्रीन् लोकान् पूर्णान् प्रतिगृह्णीयात् सोऽस्या एतत्प्रथमपदमाप्नुयात् अथ यावतीय त्रयी विद्या यस्तावत्प्रतिगृह्णीयात् सोऽस्या एतद्द्वितीयमाप्नुयात् । अथ यावदिद प्राणिति यस्यावत् प्रतिगृह्णीयात् । तस्या उपस्थान गायत्र्यैकपदी द्विपदी त्रिपदीचतुष्पद्यपदा सा न हि पद्यः यस्ते तुरीयायपदाय दर्शिताय परोरजसे सावदोमिति समधीयीतन हैवास्मै सकाम समृद्ध्यते । यस्मा एवमुपतिष्ठते ह मद प्रापमिति एतद्धवै तज्जनको वैदेहो वुरिलमाश्रितराश्विमुवाच । यत्तु होतर्गा कथ हलीभूतो वहसीति । मुख ह्यस्या ससभ्रम विदाचकारेति होवाच तस्या अग्निरेव मुख यदिह वापि वह्निमानग्नावभ्याद्धाति

सर्वमेतत्स हत्येवविद्यद्यपवह्नीव पाप करोति सर्वमेवैतत्सम्यग्विशुद्धो यतोऽजरोऽमरः स भवतीति ॥ इति गायत्र्युपनिषत् समाप्ता ॥

16

श्री गायत्री चालीसा

श्री गायत्री चालीसा

ह्रीं श्रीं क्लीं मेधा प्रभा जीवन ज्योति प्रचण्ड । शान्ति कान्ति जागृत प्रगति रचना शक्ति अखण्ड ॥ १॥ जगत जननी मङ्गल करनिं गायत्री सुखधाम । प्रणवों सावित्री स्वधा स्वाहा पूरन काम ॥ २॥ भूर्भुवः स्वः ॐ युत जननी । गायत्री नित कलिमल दहनी ॥ ३॥ अक्षर चौविस परम पुनीता । इनमें बसें शास्त्र श्रुति गीता ॥ ४॥ शाश्वत सतोगुणी सत रूपा । सत्य सनातन सुधा अनूपा । हंसारूढ सितंबर धारी । स्वर्ण कान्ति शुचि गगन-बिहारी ॥

५॥ पुस्तक पुष्प कमण्डलु माला । शुभ्र वर्ण तनु नयन विशाला ॥ ६॥ ध्यान धरत पुलकित हित होई । सुख उपजत दुःख दुर्मति खोई ॥ ७॥ कामधेनु तुम सुर तरु छाया । निराकार की अद्भुत माया ॥ ८॥ तुम्हरी शरण गहै जो कोई । तरै सकल संकट सों सोई ॥ ९॥ सरस्वती लक्ष्मी तुम काली । दिपै तुम्हारी ज्योति निराली ॥ १०॥ तुम्हरी महिमा पार न पावैं । जो शारद शत मुख गुन गावैं ॥ ११॥ चार वेद की मात पुनीता । तुम ब्रह्माणी गौरी सीता ॥ १२॥ महामन्त्र जितने जग माहीं । कोई गायत्री सम नाहीं ॥ १३॥ सुमिरत हिय में ज्ञान प्रकासै । आलस पाप अविद्या नासै ॥ १४॥ सृष्टि बीज जग जननि भवानी । कालरात्रि वरदा कल्याणी ॥ १५॥ ब्रह्मा विष्णु रुद्र सुर जेते । तुम सों पावैं सुरता तेते ॥ १६॥ तुम भक्तन की भकत तुम्हारे । जननिहिं पुत्र प्राण ते प्यारे ॥ १७॥ महिमा अपरम्पार तुम्हारी । जय जय जय त्रिपदा भयहारी ॥ १८॥ पूरित सकल ज्ञान विज्ञाना । तुम सम अधिक न जगमे आना ॥ १९॥ तुमहिं जानि कछु रहै न शेषा । तुमहिं पाय कछु रहै न कलेसा ॥ २०॥ जानत तुमहिं तुमहिं है जाई । पारस परसि कुधातु सुहाई ॥ २१॥ तुम्हरी शक्ति दिपै सब ठाई । माता तुम सब ठौर समाई ॥ २२॥ ग्रह नक्षत्र ब्रह्माण्ड घनेरे । सब गतिवान तुम्हारे प्रेरे ॥२३॥ सकल सृष्टि की प्राण विधाता । पालक पोषक नाशक त्राता ॥ २४॥ मातेश्वरी दया व्रत धारी । तुम सन तरे पातकी भारी ॥ २५॥ जापर कृपा तुम्हारी होई । तापर कृपा करें सब कोई ॥ २६॥ मंद बुद्धि ते बुधि बल पावें । रोगी रोग रहित हो जावें ॥ २७॥ दरिद्र मिटै कटै सब पीरा । नाशै दूःख हरै भव भीरा ॥ २८॥ गृह क्लेश चित चिन्ता भारी । नासै गायत्री भय हारी ॥२९॥ सन्तति हीन सुसन्तति पावें । सुख संपति युत मोद मनावें ॥ ३०॥ भूत पिशाच सबै भय खावें । यम के दूत निकट नहिं आवें ॥ ३१॥ जे सधवा सुमिरें चित ठाई । अछत सुहाग सदा शुबदाई ॥ ३२॥ घर वर सुख प्रद लहैं कुमारी । विधवा रहें सत्य व्रत धारी ॥ ३३॥ जयति जयति जगदंब भवानी । तुम सम थोर दयालु न दानी ॥ ३४॥ जो सद्गुरु सो दीक्षा पावे । सो साधन को सफल बनावे ॥ ३५॥ सुमिरन करे सुरूयि बडभागी । लहै मनोरथ गृही विरागी ॥ ३६॥ अष्ट सिद्धि नवनिधि की दाता । सब समर्थ गायत्री माता ॥ ३७॥ ऋषि मुनि यती तपस्वी योगी । आरत अर्थी चिन्तित भोगी ॥ ३८॥ जो जो शरण तुम्हारी आवें । सो सो मन वांछित फल पावें ॥ ३९॥ बल बुधि विद्या शील स्वभाओ । धन वैभव यश तेज उछाओ ॥ ४०॥ सकल बढें उपजें सुख नाना । जे यह पाठ करै धरि ध्याना ॥ यह चालीसा भक्ति युत पाठ करै जो कोई । तापर कृपा प्रसन्नता गायत्री की होय ॥

9 798887 838410

Printed by Libri Plureos GmbH in Hamburg,
Germany